스타트업 디자인 씽킹

성 공 한 창 업 가 의 7 가 지 디 자 인 마 인 드

스타트업 디자인 씽킹

고은희 지음

유엑스리뷰

이야기의 시작은 우연히 창업 교육을 맡게 되었던 5년 전으로 거슬러 올라간다. 창업을 해 본 적도 없고 관련 학과를 나오지도 않은 디자인 전공자가 '앙트레프레너십entrepreneurship(기업가정신)' 교과목을 맡아서 디자인 씽킹design thinking(디자인 사고) 강의를 하게 된 것이다. 앙트레프레너십 교육에서 디자인 씽킹을 교육하는 현상은 뱁슨 칼리지, 스탠퍼드 대학교, 하버드 대학교, 매사추세츠 공과대학교(MIT) 등 세계 유수의 대학뿐 아니라 제너럴일렉트릭General Electric Company, GE, 삼성전자, LG전자, 아모레퍼시픽 등과 같은 기업에서도 적극적으로 일어나고 있었다. 국가 경제 성장의 새로운 원동력으로서 창업의 중요성이 강조되면서 대학에서는 디자인 씽킹 교육을 창업의 방법론으로 도입하기 시작했고, 회사에서는 제품의 기능 개발이나 신사업 발굴을 목적으로 사원들을 대상으로 하는 디자인 씽킹 워크숍이 유행처럼 번졌다. '앙트레프레너십 교육에서 왜 디자이너가 하는 디자인 씽킹을 가르치는가?'에 대한 호기심은 디자인 마인드가 앙트레프레너 entrepreneur들이 갖고 있는 마인드와 어떤 관계가 있는지에 대한 연구로 이어졌다.

컴퓨터공학과나 기계공학과에서 미적분을 별도로 공부하지 않는 것처럼 모든 디자인학과가 디자인 씽킹을 별도 과목으로 구성하여 다루지는 않는다. 디자인 씽킹은 디자인 작업을 하면서 자연스럽게 체화되기 때문이다. 따라서 디자인학과 학생들은 정작 본인들이 하는 디자인 씽킹을 도식화하거나 설명하는 것을 생소해한다.

반면 디자인 작업을 하지 않는 공학, 경영, 인문사회 계열의 다양한 학생들에게 디자인 씽킹을 가르칠 때는 디자인 작업을 하며 디자인 씽킹을 체화되는 과정에서 디자인 '작업'을 걷어 내고 '사고'만 체득할 수 있도록 해야 한다. 비전공자가 디자인적 '사고'인 디자인 씽킹을 체득하는 것은 몇 시간의 워크숍 참여나 관련 서적 정독만으로는 불가능하다. 사람, 사물, 시대를 대하는 '관점'과 '태도'에 대한 변화가 필요하기 때문이다. 창업 교육을 맡았던 당시 "어떻게 하면 비전공자 학생들에게도 효과적으로 디자인 씽킹을 이식시킬 수 있을까?"가 가장 큰 고민이었다. 이 책은 이러한 고민을 거쳐 진행했던 창업 교육에서 파생한 결과물이라고 할 수 있다.

앙트레프레너란 무엇인가? 앙트레프레너는 '기업가'라고 번역되고 일반적으로 '창업가'라는 의미로 보편적으로 이해되고 있다. 그러나 앙트레프레너십은 기업가 정신이라며 익숙하게 접해 온 반면 '창업가 정신'이나 '스타트업 정신'은 들어 보지 못했던 것 같다. 앙트레프레너는 창업이나 스타트업이라는 단어보다 포괄적인 의미를 지니고 있기 때문이다. 이 책에서 기업가나 창업가라는 한글 표현 대신 '앙트레프레너'라고 표기하는 이유는 앙트레프레너가 가진 본연의 의미에 충실하기 위해서이다. '기업가'라는 용어가 대기업의 창시자나 그룹의 대표를 연상시킴으로써 본래의 의미를 축소시키는 측면이 있기 때문이다. 앙트레프레너entrepreneur란 '착수하다'와 '시작하다'라는 의미의 프랑스어 '앙뜨러프랑entreprendre'에서 유래되었다. 해석하기에 따라 학자들의 다양한 정의가 있으나 그중에서도 현대 경영학의 아버지로 불리는 피터 드러커Peter Ferdinand Drucker의 정의가 이 책이 말하고자 하는 바와 가장 부합한다. 그는 '앙트레프레너란 변화를 탐구하고 위험을 감수하며 새로운 기회를 포착하여 사업화하려는 모험과 도전정신이 강한 사람'이라고 정의한다. 이 책에서 말하고자 하는 앙트레프레너란 성공적 스타트업을 하고자 하는 모든 사람을 포함하여 집에서 직접 만든 쿠키를 아이템으로 장사를 하려는 사람, 자신이 가진 콘텐츠로 온라인 사업을 하고 있는 사람, 은퇴 후 동네에 작은 음식점을 차리겠다는 꿈을 가진 사람과 같이 새로운 기회에 도전하여 한 번뿐인 인생의 앙트레프레너가 되고자 하는 모든 이들을 일컫는다.

디자인 씽킹은 스타트업에서 활용되고 있는 사람 중심의 혁신적 사고법으로서 시중에 디자인 씽킹에 관련된 다양한 형태의 서적들이 출간되어 있다. 이 책이 가지는 기존 서적들과의 차별점은 디자인 씽킹을 방법론methodology 차원이 아닌 마인드mind 차원에서 접근하여 바라본다는 점이다. 즉, 다년간의 경험과 연구를 통해 얻은 결론은 '디자인 씽킹을 어떻게 해야 하는가'보다 '디자인 씽킹을 왜 해야 하느냐'가 핵심이라는 것이다. 디자인 씽킹은 '혁신적이고 창의적인 사람들의 마인드를 갖추기 위해서' 필요하고, '그러한 성공적 마인드의 정체가 디자이너가 지닌 디자인 마인드와 유사'하다. 그렇기 때문에 궁극적으로 '이러한 디자인 마인드를 갖추기 위해 디자인 씽킹을 활용'하도록 하고자 한다.

따라서 마인드를 어떻게 볼 것인가는 책의 흐름을 이해하는 데에 영향을 주는 주요한 관점이다. '사고thinking'와 구분하여 '마인드mind'라는 표현을 사용하는 밑바탕에는 르네 데카르트René Descartes의 이론원이 있다. 데카르트는 인간의 존재를 공간을 점유하는 육체인 물질matter과 그렇지 않는 마인드mind로 분리하여 설명한다. 데카르트의 마인드는 사고(혹은 사유)를 그 속성으로 하고 있으며 그 사고는 단순한 이해가 아닌 경험이나 자유, 상상, 의욕 등으로 넓게 규정되며 사고는 어느 정도 물질 영역과 닿아 있다.

성공적 마인드를 물질의 세계로 꺼내서 실행하고 연습할 수 있도록 체계화한 것을 디자인 씽킹이라고 한다. 즉, 디자인 씽킹은 디자인 마인드가 물질화되어 방법론으로 존재한다는 의미이다. 디자인 씽킹이라는 개념은 흔히 방법론, 마인드셋, 사고방식으로 분류되어 정의되고 있으나 이 책에서는 디자인 씽킹을 인간 중심의 창의적 문제 해결 방법론 측면에서 보고 있다. 다시 말해, 디자인 씽킹은 스탠퍼드 대학 디스쿨D. School과 아이디오IDEO라는 디자인 회사에서 발전시켜 전 세계에서 혁신 방법론으로 활용하고 있는 고유명사로 이해하면 될 것이다. 위에서 언급한 대학이나 회사에서 하고 있는 디자인 씽킹 교육 역시 디자이너의 마인드를 물질화한 방법론인 디자인 씽킹을 일반인을 대상으로 교육하는 것을 의미하고 있다.

앙트레프레너들은 어떠한 마인드를 가지고 있을까? 제조업 중심이던 시대의 앙트레프레너들에게 요구되던 마인드에 대해서는 많은 학설이 있다. 혁신성, 진취성, 위험 감수성, 자율성, 경쟁적 공격성 등이 대표적인 기업가 정신으로 꼽힌다. 그러나 2000년대 이후 구글, 아마존, 메타, 에어비앤비 등 플랫폼 중심 스타트업의 시대가 도래하면서 성공한 앙트레프레너들의 마인드에도 변화가 생겼다.

국내 대표 스타트업인 우아한형제들, 컬리, 야놀자, 비바리퍼블리카 등의 대표를 포함한 성공한 젊은 앙트레프레너 50인의 인터뷰를 분석하면 그들의 마인드는 창의성, 자신 자각, 타인 공감, 트렌드 센싱, 본질 정의, 행동 지속, 협업 등 7가지로 정리된다. 이것이 4차 산업혁명 시대에 필요한 새로운 앙트레프레너 마인드이다. 이를 통해 이제는 나 자신을 대하는 관점(창의성, 자신 자각, 행동 지속), 타인과의 관계성에 대한 관점(타인 공감, 협업), 세상을 바라보는 관점(본질 정의, 트렌드 센싱)에 대한 철학적 마인드가 강조되고 있음을 알 수 있다.

이러한 7가지 새로운 앙트레프레너 마인드는 디자인 마인드와 일치한다. 디자인 마인드란 나 자신, 타인, 사물과 세대에 대한 디자이너의 관점과 태도를 가리킨다. 그리고 이는 창의성, 자신 자각, 타인 공감, 트렌드 센싱, 본질 정의, 행동 지속, 협업이라는 7가지의 속성을 가진다. 이러한 디자인 마인드는 디자인 전공자만 갖출 수 있는 것이 아니라 디자인 씽킹이라는 방법론을 통해 누구든 습득할 수 있다. 이것이 바로 앙트레프레너십 교육에서 디자인 씽킹을 가르치는 이유이다.

우리 모두는 한 번뿐인 인생의 앙트레프레너이다. 스타트업뿐 아니라 인생을 기업 삼아 살아가고자 하는 앙트레프레너들께 새로운 앙트레프레너 마인드 7가지를 소개하고자 하며, 그 마인드를 갖추는 데 이 책이 조금이나마 도움이 되길 바란다.

책의 구성은 크게 이론, 연습, 검증이라는 큰 흐름으로 전개된다. 1부는 앙트레프레너 마인드의 중요성이 부각되는 시대적 흐름에 대한 내용과 4차 산업혁명 시대인 현시점에서 성공한 앙트레프레너의 마인드 7가지를 소개한다. 2부는 디자인 씽킹 방법론의 작동 원리를 살펴봄으로써 앙트레프레너 마인드 7가지와 디자인 마인드가 어떤 일치성consistency을 지니고 있는지와 디자인 씽킹을 통해 성공적 스타트업의 마인드를 습득하는 방법을 제시한다. 3부에서는 디자인 마인드를 갖춘 디자이너 출신 앙트레프레너 7인의 창업 이야기를 통해 디자인 마인드를 재확인하고 그들만의 성공 노하우를 나누고자 한다.

차례

들어가며　4

1부 ╲ **앙트레프레너에게 필요한 마인드**

1장 ｜ 절대 피해갈 수 없는 앙트레프레너 시대　　　　　　　15

2장 ｜ 변화하고 있는 앙트레프레너의 마인드　　　　　　　29

3장 ｜ 성공한 앙트레프레너의 7가지 마인드　　　　　　　39

2부 ╲ **스타트업을 위한 디자인 마인드**

4장 ｜ 디자인 마인드가 구현된 디자인 씽킹　　　　　　　79

5장 ｜ 디자인 씽킹을 통해 앙트레프레너 마인드 기르기　　　91

3부 디자인 주도적 스타트업 이야기

6장 | 섬세한 사고로 고유의 가치를 만들다   145
클립펜 대표 구석모

7장 | 모든 순간과 환경을 디자인하다   159
더치랩 대표 신동건, 김윤지

8장 | 새로운 시도를 즐기고 끊임없이 문제를 해결하다   181
줄리아 대표 감영한

9장 | 오리지널리티를 추구하며 진심을 다하다   197
KHJ STUDIO 대표 김현주

10장 | 위기를 기회로 보고 실행하다   211
제리백 대표 박중열

11장 | 성장, 도전, 공헌하는 사람이 모여 공동체를 만들다   223
디자인애피타이저샐러드 대표 김지연, 이승은

마무리하며   248
참고자료   252

앙트레프레너에게
필요한 마인드

1장 | 절대 피해갈 수 없는 앙트레프레너 시대

2장 | 변화하고 있는 앙트레프레너의 마인드

3장 | 성공한 앙트레프레너의 7가지 마인드

1장

절대
피해갈 수 없는
앙트레프레너 시대

포스트 코로나 시대 vs. 앙트레프레너 시대

시대가 어떻게 변화하고 있다 한들, 당장 먹고 살아가는 일에 영향을 미치기 전까지는 큰 관심이 없기 마련이다. 지난 2년간 겪었던 코로나 시대를 돌이켜 보자. 평생 관심도 없던 세계보건기구의 코로나 보건 정책에 얼마나 귀를 기울였던가? 코로나 예방을 다룬 전문가들의 인터뷰 방송을 찾아 시청하고, 후유증 극복에 대한 의학 정보는 즐겨찾기를 해가며 읽었다. 코로나 대유행이 어느 정도 마무리되고 포스트 코로나 시대로 접어들면서는 또 다른 변화를 몸소 체험 중이다. 물가 폭등과 금리 인상, 코로나 백신 부작용, 지속적 온라인 업무와 수업으로 인한 현실 부적응 현상 등이 그것이다. 피부에 와닿는 이런 변화의 시기를 포스트 코로나 시대라고 하는 것은 누군가의 설득이 없어도 납득이 된다.

　세계의 석학들과 대기업 CEO들이 4차 산업혁명을 맞이하면서 앙트레프레너 시대가 도래했으며, 누구나 앙트레프레너십을 갖춰야 한다고 앞다투어 말하고 있다. 포스트 코로나 시대가 무엇인지 굳이 설명을 듣지 않아도 알 수 있는 것처럼 앙트레프레너 시대가 무엇인지 피부에 와닿는가? 포스트 코로나 시대는 의, 식, 주와 같은 물질세계와 직결되어 있는 시대인 반면에 앙트레프레너 시대는 막연한 정신세계에 존재하는 시대라는 생각이 들지 않는가? 하물며 앙트레프레너십, 다른 말로 앙트레프레너 마인드라는 것은 창업가나 앙트레프레너들에게나 필요한 것 아닌가, 라는 생각이 들 수도 있을 것이다. 당장 문밖을 나서면서 마스크를 써야 하나 안 써도 되나를 고민하며 한 번 멈칫하게 되는 실감 나는 포스트 코로나 시대와는 달리 앙트레프레너 시대는 지금 문밖을 나가는 행동에 물리적 제동을 걸지 않기 때문이다. 코로나 시대는 삶의 패턴에 누구도 부정할 수 없는 분명한 영향을 주었다. 그만큼의 강도는 아니지만, 앙트레프레너 시대가 우리에게 미치는 영향은 분명히 존재한다. 4차 산업혁명은 다음과 같은 세 가지 측면에서 앙트레프레너 마인드를 갖추도록 인간의 등을 떠밀고 있기 때문이다.

　첫째, 4차 산업혁명은 인간에게 앙트레프레너 마인드를 생각할 **여유**를 선사한다.
　둘째, 4차 산업혁명은 종속되지 않기 위해 앙트레프레너 마인드를 가져야 한다는 **위협**을 제공한다.
　셋째, 4차 산업혁명은 누구나 앙트레프레너가 될 수 있는 **기회**를 선물한다.

생존과 생활 vs. 존중과 품위

4차 산업혁명은 인간에게
앙트레프레너 마인드를 생각할
여유를 선사한다.

4차 산업혁명은 생산 측면과 소비 측면에서 인간의 삶에 직·간접적인 변화를 주고 있다. '생산' 측면에서 살펴보면 육체가 해야 하는 단순한 노동은 로봇으로 대체되고 있다는 점에서 그러하다. 미국 블룸버그 통신의 보도에 따르면 사람의 인건비보다 로봇 대여료가 저렴하여 대기업의 전유물인 산업용 로봇이 중소기업으로 확대되고 있다고 한다. 가정에서도 배달, 청소, 정원 관리, 농업용 잡초 제거 로봇을 구독하여 사용함으로써 인간의 역할은 기존의 직접 노동자의 역할에서 로봇을 운영하는 관리자의 역할로 전환된다. 이전과 비교하여 시간적, 물리적 여유를 갖게 되는 것이다. '소비' 측면을 살펴보면 인간이 살아가는 환경 전반에 인공지능 기반 서비스가 제공될 것이다. 개인의 니즈needs가 보다 섬세하게 반영된 고도의 서비스는 삶을 보다 편하고 안락하게 바꿔 놓을 것이다. 종합하자면 점차 인간의 삶은 단순한 '생존'이나 '생활'을 하기 위한 것을 뛰어넘어 '존중'과 '품위'를 위한 고차원의 목적으로 수렴될 것으로 예상된다. 이처럼 4차 산업혁명은 인간은 스스로에 대한 관심을 가질 수 있도록 시간과 여유를 선사하고, 이는 '존중'과 '품위'를 위한 앙트레프레너 마인드를 가질 수 있도록 독려하고 있다.

신이 만든 세상 VS. 앙트레프레너가 만든 세상

4차 산업혁명은 누군가에게 종속되지 않기 위해
앙트레프레너 마인드를 가져야 한다는
위협을 제공한다.

2009년의 어느 봄날 지도교수님이 학과사무실에서 아이폰을 보여주
시며 "이제 모든 것이 변하게 될 거야"라고 말씀이 기억난다. 그 예언
은 얼마 지나지 않아 현실로 나타났다. 2007년 아이폰의 등장을 필
두로 공장이나 물류 창고 하나 없는 구글, 메타, 우버, 아마존과 같은
기업들이 만든 플랫폼 생태계가 전 세계 산업계의 판도를 바꿔 놓았
다. 정신을 차리고 보니 손가락 하나로 아마존에서 지구 반대편에 있
는 호주 특산물인 어그 부츠를 주문하고, 국내외 유명인들과 친구를
맺고, 가만히 앉아서 당일 수확한 살아 있는 완도산 전복을 문앞에
대령시키는 것이다. 스마트폰 속의 iOS나 Android라는 플랫폼은 앙
트레프레너들이 만들어 놓은 거대한 신대륙임이 분명하다.

제프 베이조스Jeff Bezos(아마존 창시자), 마크 저커버그Mark Zuckerberg
(메타 창시자)와 같은 앙트레프레너들이 만들어 놓은 세상에서 그들이
보여주는 대로, 제안하는 대로, 이끄는 대로 가고 있는 모습은 굳이
인식하지 않을 뿐, 흔한 일이다. 앙트레프레너들이 만들어 놓은 세상
에서 알고리즘algorism이라 불리는 그들의 전령들이 추천하는 제품을
구매하고, 추천하는 사람과 친구를 맺는다. 추천된 콘텐츠에 '좋아
요'를 누르고 '댓글'을 달고 '구독'을 하고 '알람' 설정을 하면서 적극
적으로 그 세상에 기여하기도 하면서 말이다. 이러한 앙트레프레너
와 앙트레프레너가 아닌 자와의 관계는 창조주와 피조물이라는 관계
의 메커니즘과 사뭇 닮았다. 인간은 봄이 오면 봄옷을 꺼내 입고, 겨

울이 되면 월동 준비를 한다. 해가 뜨면 일어나고 해가 지면 잠자리에 든다. 창조주는 우주라는 물리적 세계를 인간에게 펼쳐 놓으셨고 피조물인 인간은 자연의 질서에 따라 적응하며 살고 있다.

여기에서 왜 앙트레프레너 마인드를 갖춰야 하는지에 대한 두 번째 이유를 찾을 수 있다. 앙트레프레너들이 만들어 놓은 플랫폼 세상이 자연이라는 물리적 세상만큼이나 강력하기 때문이다. 대자연의 섭리를 겸허히 받아들이고 적응하며 살아가는 태초 인간의 모습이 앙트레프레너들이 만들어 놓은 세상에 이식되어 그들이 만들어 놓은 세상에서 추천받은 인생대로 살아가기 딱 좋게 생겼다는 의미이다. 누군가가 보여주고 추천하는 콘텐츠를 수동적으로 대하는 간단한 손가락 동작의 반복은 결국 인간이 누군가의 제안과 추천에 종속되는 삶을 살아가게 만들 수도 있다. 생각하며 살지 않으면, 살아지는 대로 생각하게 된다는 150여 년 전 폴 부르제Paul Charles Joseph Bourget(프랑스의 소설가이자 비평가)의 명언이 더욱 절실히 와닿는 시대가 되어가고 있다.

> 용기내어 그대가 생각하는 대로 살지 않으면 머지않아 그대는
> 사는 대로 생각하게 된다.
> *One must live the way one thinks or end up thinking the way one has lived.*
> —폴 부르제

콜럼버스의 신대륙 VS. 앙트레프레너의 플랫폼

4차 산업혁명은 누구나
앙트레프레너가 될 수 있는 기회를 선물한다.

아이디어와 노트북 하나만으로도 부를 창출해 낼 수 있는 시대이다. 앙트레프레너들에 의해 창조되고 있는 플랫폼은 누가 선점하느냐에 따라 독점이 가능한 신대륙과 같은 무한한 기회의 땅이다. 집안 환경, 학벌, 나이, 성별 등 한계의 영역을 뛰어넘어 누구나 기업을 일으킬 수 있고 그에 따른 부를 창출할 수 있는 기회의 문이 열린 것이다. 지금도 수많은 개척자들이 서부 시대의 사금으로 비유할 수 있는 정보와 지식이라는 부의 원천을 적극적으로 캐내어 플랫폼이라는 땅에서 새로운 부의 시장을 만들어 내고 있다. 이러한 기회의 땅에서 누가, 어떠한 마인드를 가지고, 어떻게 새로운 가치를 만들어 내느냐는 성공과 직결되는 문제이다.

산업혁명을 기준으로 한 시대의 흐름을 보면 앙트레프레너에게 주어진 기회가 지닌 보다 더 깊은 의미는 무엇인지 알 수 있다.

1760년대 영국에서 시작되어 미국으로 확산된 1차 산업혁명은 기계혁명이라고도 일컫는다. 1차 산업혁명은 농사와 수공업 중심의 생산체계에서 공장과 증기기관을 활용한 제품 생산체계로 변화하게 된 시기였다. 증기기관을 활용했다는 것은 말 그대로 물을 끓여서 나온 운동에너지를 통해서 공장을 가동했다는 뜻이다. 1차 산업혁명을 통해 음식을 생산하던 사람의 노동을 기계가 대신하게 되었다. 이로 인해 생산자였던 사람이 새로운 형태의 두터운 소비층으로 변화했고 이에 따라 도시가 형성되었다는 점에서 큰 의미가 있다.

1870년대 이후 전기가 발명되어 노동의 분업화가 시작된 2차 산업혁명은 전기혁명이라고도 불린다. 석유화학과 함께 전기가 널리 보급됐기 때문에 생산력이 폭발적으로 증가했으며 컨베이어벨트 시스템의 발달로 많은 양의 물량을 단시간에 제작해 낼 수가 있었다. 오늘날 우리가 접하고 있는 대부분의 공산품은 전기혁명을 통해서 이루어지고 발전되어 있는 형태라고 보면 될 것이며, 혹자는 진정한 의미의 산업혁명이 2차 산업혁명이라고 일컬을 만큼 2차 산업혁명은 인류의 삶에 커다란 영향을 미쳤다.

　1969년 이후 컴퓨터의 생산과 함께 시작된 정보기술 혁명을 3차 산업혁명이라고 한다. 인터넷을 통한 정보 지식의 보급으로 누구든 지식과 정보에 접근할 수 있는 권한이 생겼다. 이로 인하여 이전에는 상하 수직 관계였던 노동계급과 지배계급 체계가 무너졌다는 데에 의의가 있다.

　2016년 세계경제포럼에서 클라우스 슈밥Klaus Schwab(세계경제포럼 회장)에 의해 주창된 '4차 산업혁명 시대'는 인공지능 시대라고도 불린다. 그러나 《노동의 종말》, 《소유의 종말》의 저자 제러미 리프킨 Jeremy Rifkin 같은 경우에는 4차 산업혁명이라는 것은 3차 산업혁명의 연장선 중에 하나라고 일컫기도 하는 등 일부 학자들은 '4차 산업혁명'이라는 의미를 부여하는 것에 이의를 제기하는 것은 사실이다. 어떻게 일컫든 플랫폼 시대, IoT와 초연결 시대, 인공지능 시대로 접어든 것은 분명하다. 대부분의 단순 노동은 로봇이 도맡아 하고 생각은 인공지능이 대체하므로 로봇과 인공지능이 하지 못하는 영역, 인간 고유의 영역인 공감 능력이나 창의적 발상, 뉘앙스와 느낌의 인지, 문맥과 숨은 맥락을 파악할 수 있는 사고가 요구되고, 이러한 사고를 무기로 삼은 새로운 플랫폼 기업들이 탄생하고 있다.

스타트업
디자인 씽킹

앞서 로봇과 인공지능이 인간의 노동을 대신함으로써 인간에게는 스스로 사유할 수 있는 물리적, 시간적 여유가 생겼다는 긍정적 측면을 언급했었다. 반대로 로봇과 인공지능이 단순 생산 영역을 감당할 것이니 일자리는 점차 사라질 것이라는 우려가 더 큰 것이 사실이다. 이러한 우려를 반영이라도 하는 듯 인공지능에 대체되지 않을 일자리 리스트를 발표하고 그 일자리를 얻기 위한 교육 프로그램을 개설하기도 한다. 그렇지만 인공지능은 점차 빠른 속도로 발전할 것이고, 그때마다 인공지능에 대체되지 않을 일자리를 찾는 행위를 언제까지 계속할 것인가? 궁극적인 문제 해결을 위해 인공지능에 해결할 문제를 주문하고 운영할 수 있는 인공지능에 대체되지 않는 사람이 되는 것이 옳은 대응책일 것이다. 인공지능에 대체되지 않는 사람이 된다는 것은 그러한 교육을 받아야 가능하다. 문제는 그러한 교육이 자리잡는 데에는 전 국가적인 노력이 요구된다는 데에 있다.

중학교 국어 시험 문제 중 '작가의 의도가 무엇인가요?'라는 문제가 있었다. 거의 모든 시험에 출제된 것 같은 이 문제는 지금 풀어보라고 해도 맞출 자신이 없다. 작가가 살았던 시대적 배경과 개인 인생사를 고려한다고 할지라도, 얼굴도 성격도 모르며 심지어 살아 있지도 않아서 확인되지도 않는 '작가의 의도'를 그 누가 정확하게 알 수 있을까? 지문을 읽은 뒤 기껏 생각해 낸 '나의 해석'은 늘 오답이었던 기억이 난다. 해석이 아니라 암기가 필요했기 때문이다. 공부 잘하는 친구들은 별 고민 없이 정답을 맞히는 것 같았고, 선생님께 질문을 하면, 이해되지 않은 해설과 함께 그냥 외우라며 토닥여 주셨었다. '나의 생각과 추론'을 기반한 해석이 아닌 '남의 생각과 의도'가 무엇인지를 외워서 맞추는 일은 사춘기인 내게 꽤 고리타분한 일이었다. 의견이 옳다, 그르다로 평가받는 경험은 자신의 생각을 스스로 존중하지 못하도록 한다. 나중에는 '너의 생각과 의도는 뭐야?'라고 물어보면 틀릴까 봐 말을 못 하거나 생각조차 하지 않게 된다.

최근까지 운영되고 있는 교육방식은 2차 산업혁명 시대에 노동자(특히, 공장 노동자)의 효율성과 생산성을 높이기 위해 관리법에 의거하여 구성된 것이다. 여기서 말하는 관리법이란 표준작업량을 결정하기에 가장 적절한 시간은 몇 시간이며, 일을 잘하게 하기 위해서 얼마만큼 차별화된 성과급을 지급해야 하는지에 대한 과학적인 연구에 의해서 만들어진 것이다. 공장이 효율적으로 운영되기 위해서 사람들이 빠르고 정확하며 일률적으로 일하는 것이 중요했던 시기에 이 관리법은 꽤나 주목을 받았고 1911년 프레더릭 테일러Frederick Winslow Taylor(경영학자)가 《과학적 관리법》이라는 저서를 발표하면서 절정에 이른다. 공장에서는 노동자들의 생산성을 극대화하기 위해 개인의 창의성과 도전의식은 철저히 제거하고, 그들이 일률적인 과업을 충실히 달성했을 때 그에 대응하는 대가를 지불했다. 이러한 관리법은 교육 방식에도 그대로 접목되었다. 즉, 교육에서도 학생 개개인의 개성과 능력보다 주어진 교육 시스템에 얼마만큼 잘 적응하고 선생님의 말씀은 얼마나 잘 따르느냐가 평가의 기준으로 자리 잡았다. 주어진 질문에 모두가 똑같은 정답을 내놓아야 하고, 개인의 주장은 체계에 불응하는 반항처럼 여겨졌던 일률적인 교육은 주어진 문제를 풀어 내는 일에 숙련된 사람으로 키워 냈다. 창의적인 아이디어를 도출하거나, 새로운 의견을 제시하는 것은 예전부터 지금까지 소수 집단의 고유 권한에 불과했다.

이러한 표준 교육이 모두 부정적인 면만 있는 것은 아니다. 이로 인해 학생들의 기초 학습 역량이 효과적으로 발전할 수 있었고, 결과적으로 표준 교육이 대한민국 경제 성장의 견인차 같은 역할을 하였음을 부정할 수 없기 때문이다. 최소한 정보화 시대까지는 그러했다. 그러나 지금은 문제의식을 가지고 현상을 분석하고 더 나은 새로운 문제를 제안하거나, 혹은 독창적이고 개인적인 생각을 적극적으로 개진하며, 기회를 찾아 도전할 가능성을 요구하는 시대이다. 이제는 어떠한 문제를 발견할 것인가 하는 문제 발견의 영역, 무엇을 만들어 낼 것인가 하는 생성의 영역, 인공지능이 해결하지 못하는 인간 공감의 영역 등을 어떻게 다룰 것인가라는 문제에 도전할 기회가 던져진 것이다.

1980년대는 3차 산업혁명, 즉 정보화 혁명의 중후반 정도의 시기였다. 간단히 문자만 주고받을 수 있거나, 통화하는 것이 휴대폰이 가진 모든 역할이었던 시기가 1990년대를 지나 2000년도로 이어지게 된다. 그러던 중 2007년도에 세상을 완전히 바꿔 놓는 혁명적인 계기가 하나 생기는데 바로 애플에서 출시한 아이폰의 출현이었다. 그로부터 약 9년 후인 2016년 1월에 4차 산업혁명이라는 용어가 등장했다. 2007년에 아이폰이 등장한 9년 뒤 글로벌 산업의 척도가 완전히 바뀐 것이다. 애플은 2017년부터 2021년 전 세계 시가 총액 1등에 해당하는 글로벌 기업으로 자리 잡는다. 애플의 기업가치는 2022년 1월 기준 세계 최초 3조 원을 돌파하는데 이것은 영국의 경제 규모 국내 총생산 GDP를 능가하는 수치이다. 아이폰의 등장과 함께 애플은 컴퓨터를 만들던 제조 회사에서 사람의 삶의 패턴을 디자인하는 플랫폼 회사로 거듭나게 되었다. 그 밖에 구글, 마이크로소프트, 메타, 아마존 등 새로운 형태의 플랫폼 기업들이 세계 글로벌 시가 총액 순위 10위 안에 들었다. 1980년대까지는 시가 총액 10위 안에 파나소닉, 소니 등의 제조업을 등에 업은 일본의 기업이 8개나 차지하고 있었지만, 현재는 미국의 플랫폼 회사들이 그 자리를 차지하고 있다. 2022년 기준 시가 총액 세계 10대 기업인 애플, 구글, 메타, 아마존, 마이크로소프트는 3개의 큰 공통점이 존재한다.

첫째, **플랫폼 기반**이라는 점이다.
둘째, 세대를 계승하는 대기업이 아닌 **창업 기업**이라는 점이다.
셋째, **창고**에서 시작이 되었다는 점이다.

4차 산업혁명 시대가 산업 전반에 가져온 가장 큰 변화 중 하나가 '제조업의 플랫폼화'일 것이다. 기존의 대기업들은 '사진이 잘 찍히고 배터리가 오래 가는 휴대폰'을 만드는 제조업에서 '사람의 삶을 변화시키는 생태계'를 만드는 플랫폼 회사로 변화하기 시작했다. 2010년 전후로 삼성전자, LG전자 같은 제조 기반 회사에는 서비스 기획 부서, 플랫폼 운영 부서 등의 조직이 생겨났다. TV, 냉장고, 세탁기 등에 통신 모듈과 각종 센서를 탑재하고 이를 통해 수집된 사용자의 데이터를 분석하는 빅데이터 조직도 꾸려졌다. 브랜드 관리 부서에서는 하드웨어 중심의 제조사가 아니라 서비스 중심의 IT 회사라는 브랜드 정체성Brand Identity, BI으로 탈바꿈하기 위한 갖가지 마케팅 전략들을 내놓기 시작했다. 2대 경영, 3대 경영과 같이 가계를 이어온 대기업이 4차 산업혁명을 맞아 혁신을 위한 생소한 도전을 하고 있을 무렵, 카카오톡이나 네이버와 같은 작은 창업 회사가 우리나라를 대표하는 거대 기업으로 자리 잡기 시작했다. 공장 하나 없는 젊은 대표들이 톡톡 튀는 아이디어와 사용자의 감성을 사로잡는 디자인을 무기 삼아 시작한 일이었다.

비슷한 시기에 정부에서는 창업을 독려하기 위한 메이커 스페이스 구축 사업을 추진하기 시작했다. 미국 서부에서 말하는 '창고' 개념인 창업 공간을 만들자는 것이었다. 많이 알려져 있는 것처럼 애플, 마이크로소프트, 아마존 같은 IT 스타트업 뿐만 아니라 월트 디즈니, 할리데이비슨, 양키캔들과 같은 기업이 창고에서 탄생했기 때문이다. 이런 공간을 국내에 구축하여 세계적인 창업 기업이 탄생할 수 있도록 하기 위함이었다.

창고가 가지는 의미는 공간이라는 하드웨어적 측면과 문화라는 소프트웨어적인 측면이 공존한다. 물리적 공간과 함께 창업에 관한 문화가 형성되어야 한다는 것이다. 미국의 서부에 가보면 왜 이곳이 창업의 발원지가 되었는지 이해가 된다. 서부는 땅이 넓어서 집과 집 사이가 꽤 멀다. 마트나 식당 등 외출을 하기 위해서는 차를 타고 10분 이상 가야 하는 경우가 대다수이다. 직장인들이 퇴근을 하면 집에서 보내는 시간이 상대적으로 많다는 의미이다. 게다가 인건비가 비싸고 외부에서 서비스를 받으려면 시간이 꽤 오래 걸리기 때문에 웬만한 일은 직접 해결하는 것이 일반적이다. 집의 지붕이 부서지거나 물이 새거나 자동차가 고장 나거나 했을 때 창고에 가서 이런저런 문제를 찾아서 해결해야 했다. 잡다한 재료들과 장비가 널브러져 있고, 가족이나 친구들의 도움을 받아 무엇인가를 만들고 고치는 것은 자연스러운 일이었다.

이러한 분위기에서 자란 아이들의 마인드에 창고라는 장소는 어떻게 자리 잡겠는가? 창고는 문제를 발견하고 해결하는 공간이자, 마음대로 떠들고 놀고 어지럽히는 것이 허용되는 곳이며, 궁금한 것이 있으면 직접 그리고 만들고 부수는 일을 반복하면서 새로운 무언가를 성취하는 행동으로 연결되었다. 즉, 무엇을 해도 허용되는 자유의 공간, 실패를 해도 또 시도하면 되는 도전의 공간, 친구들과 웃고 떠들며 함께 할 수 있는 협업의 공간이라는 것이 창고가 가지는 의미이고, 오늘날 미국 스타트업의 성장을 이끌어 낸 원동력이다.

　　2차 산업혁명 시대에 유용했던 표준화되고 일관적인 사고는 인공지능으로 대체할 수 있다. 반면 4차 산업혁명에서 요구하는 앙트레프레너 마인드는 인공지능이나 타인이 대체할 수 있는 속성의 것이 아니다. 이 세상에 단 하나뿐인 존재인 '나'로부터 시작되기 때문이다. 단체의 일원이나 공장의 부품과 같은 도구가 아닌 '나'라고 하는 자유와 개성을 가진 주체적 존재만이 할 수 있는 것을 전제로 한다. 더불어 앙트레프레너로서의 '나'인 개인의 세계를 마음껏 펼칠 수 있는 문화와 환경이 뒷받침되어야 한다. 이것이 창의성으로 연결되며, 창의성은 앙트레프레너의 가장 근본이 되는 마인드이다.

　　2020년 '기생충'으로 우리나라 최초 아카데미 4관왕을 차지한 봉준호 감독이 마틴 스코세이지Martin Scorsese 감독에게 박수를 보내며 인용했던 수상 소감이 인상적이었다.

　　가장 개인적인 것이 가장 창의적인 것이다.
　　The most Personal is the most Creative.
　　—마틴 스코세이지

2장

변화하고 있는
앙트레프레너의
마인드

역량으로서의 앙트레프레너 마인드

보편적으로 앙트레프레너 마인드는 앙트레프레너십(기업가 정신)이라
고 일컫는다. 앙트레프레너십이란 창업 자체를 의미하기도 하고, 기
업인들의 역량을 의미하기도 하며, 기업의 운영을 의미하기도 한다.
뒤에서 언급하겠지만 이 책은 '앙트레프레너들의 역량 차원에서의 마
인드'를 다루기 때문에 앙트레프레너 마인드라고 표기하는 것이다.

　　앙트레프레너십이라는 용어를 처음 접한 것은 회사에서 서비스
기획자로 근무하던 2013년경 삼성동 코엑스에서 열린 어느 컨퍼런
스에서였다. 그 당시에 필자는 앙트레프레너십을 기업가가 가져야
할 정신, 마인드 정도로 이해했다. 대단히 광범위하고도 위대해 보이
는 반면 애매하고 실체 없는 용어 같았다. 앞서 말했지만, 그 시기 삼

성전자, LG전자, 현대자동차 등 국내 대기업들은 기존에 제조하던 휴대폰, 백색가전, TV 등과 같은 제품 외의 새로운 먹거리 산업을 발굴하기에 열을 올렸고 특히 제조업을 뛰어넘은 플랫폼 기반 IT 회사로 탈바꿈하려는 시도가 한창이던 시기였다. 신사업을 개발하려는 목적으로 구성된 회사 조직의 일부는 스핀오프하여 스타트업을 할 수 있도록 지원을 해 주다 보니, 회사에 다니는 조직원 모두 앙트레프레너십이라는 걸 가져야 하나 보다 정도로 받아들였던 기억이 난다. 한편으로는 신사업 팀이나 사내 스타트업 목적의 조직이 아니라 모바일이나 TV에 탑재될 서비스 기획 실무를 하는 과장급도 '앙트레프레너십을 가지고 근무를 해야 새로운 서비스를 런칭할 수 있는 거려니' 하며 나만의 방식으로 이해했던 기억이 난다. 다 좋은 말이었다. 결론적으로 앙트레프레너십을 가지라는 것이었는데, 컨퍼런스가 끝나고서 돌아오는 전철 안에서 '그래서 어떻게 하라는 거야?'라는 의문이 들었다.

그로부터 몇 해 후 대학교수로서 '앙트레프레너십'을 가르치는 필수 교양과목에서 디자인 씽킹을 강의하게 되었다. 스타트업에 대한 지식과 실습을 다루는 과목이었다. 해가 더해질수록 앙트레프레너십은 국내외 대학의 교과목뿐 아니라 대학정부지원사업이나 교육정책에 등장하는 주요 단어로 떠올랐다. 스타트업을 하려는 사람이나 취업을 하려는 사람이나 할 것 없이 앙트레프레너십은 일종의 지, 덕, 체(智, 德, 體)처럼 이 시대를 살아가려는 사람이라면 누구나 갖춰야 할 덕목인 것처럼 너도나도 앙트레프레너십을 가져야 한다는 이야기를 하기 시작했다.

앞에서 설명한 것처럼 앙트레프레너십entrepreneurship이라는 단어는 여러 의미로 사용되는데, 어원을 살펴보면 entrepreneurship은

'착수하다'와 '시작하다'라는 의미의 프랑스어 '앙뜨러프랑entreprendre' 에서 유래되었고 16세기와 17세기 프랑스와 영국에서 앙트레프레너 entrepreneur는 '군대를 이끄는 책임자', '음악 지휘자'와 같은 의미로 쓰였다. 이후 20세기 오스트리아의 학자인 슘페터Joseph A. Schumpeter에 의해서 앙트레프레너십의 연구가 본격적으로 시작되었다. 슘페터는 자본주의 경제발전을 위해서는 창조적 파괴creative destruction의 실행자로서의 앙트레프레너의 역할이 중요하다고 강조하였다. 동시에 새로운 조직형태를 구성하거나, 새로운 원재료를 사용함으로써 기존 경제 질서를 파괴하는 것, 즉 불확실한 상황 속에서 신제품과 서비스 개발, 새로운 생산 방법 활용 및 신기술 개발, 신시장 개척, 새로운 원료나 부품 공급, 새로운 조직 구성 등을 하면서 창조적 파괴에 앞장서는 앙트레프레너의 노력 및 의욕이 앙트레프레너십이라고 정의했다.

슘페터뿐 아니라, 럼프킨과 데스Lumpkin & Dess(1996), 가트너 Gartner(1985), 나이트Knight(2000) 등 여러 학자들에 의해 앙트레프레너십이 정의된 바 있다. 약 30명의 국내외 학자들의 정의를 분류해 보면 크게 새로운 기회 창출 자체로 보는 측면, 조직의 결성 및 운영으로 보는 측면, 앙트레프레너의 역량과 마인드로 보는 측면으로 분류가 된다.

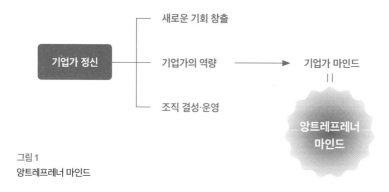

그림 1
앙트레프레너 마인드

과거의 앙트레프레너 마인드

본 책에서 앙트레프레너십은 앙트레프레너의 역량인 앙트레프레너 마인드 측면에서 접근한다. 디자이너가 가진 마인드가 디자인 마인드인 것처럼 앙트레프레너들이 갖는 마인드가 앙트레프레너 마인드인 것이다.

앙트레프레너의 마인드가 무엇인지에 대해서는 앙트레프레너 가치지향성이라는 개념을 이해할 필요가 있다. 원래는 기업이 경쟁력을 갖추기 위해서 어떤 역량이 필요한가에 대한 개념이었다(2008, Wang, C. L.). 다시 말해 기업의 성공을 위해서는 조직 수준의 앙트레프레너십이 필요했기 때문에 관리적 관점에서의 기업가지향성을 정립하였다. 그리고 이것이 개인의 앙트레프레너십의 역량을 판단하는 기준으로 활용되어 왔고, 여러 연구자의 관점이 있지만 럼프킨과 데스Lumpkin & Dess의 이론을 토대로 아래의 5가지로 정리해 볼 수 있다.

첫째, 혁신성innovativeness

기업의 혁신적으로 우세한 전략적 위치를 공고히 하기 위해 제품과 서비스의 창조적 프로세스를 적용하고 새로운 것을 도입하려는 앙트레프레너의 성향

둘째, 진취성proactiveness

새로운 기회를 포착하기 위한 노력을 말하고, 기업의 환경 변화와 미래 수요를 예측하고 그에 맞는 대응을 하며 경쟁자를 제압하는 앙트레프레너의 자발적인 자세

셋째, 위험 감수성risk taking

기업이 새로운 사업의 성공에 확신이 없을지라도 과감하게 활동해서 기꺼이 새로운 사업 기회를 포착하는 능력

넷째, 자율성autonomy

개인이나 팀이 아이디어와 비전을 제시하기 위해 독립적으로 수행하는 앙트레프레너적 감각으로, 조직의 관료주의를 탈피하여 새로운 아이디어를 요구하는 앙트레프레너적 독립성

다섯째, 경쟁적 공격성competitive aggressiveness

시장에서 경쟁사를 압도하기 위해 직접적이고 집중적으로 경쟁하는 기업의 성향

18세기에는 불확실한 가격의 상품을 대규모로 구입하여 불확실한 가격으로 팔았어야 했으므로 유통과 재고의 위험을 부담해야 했다. 저렴한 원자재를 확보하고 유통비 절감을 할 수 있는 것이 경쟁력을 갖추기 위한 가장 중요한 능력이었고, 이것을 수행할 수 있는 위험 부담에 대한 마인드를 앙트레프레너의 마인드라고 규정했다. 19세기에 들어오면서 생산 공정 과정과 생산 요소의 변화를 통해 새로운 서비스와 프로세스를 혁신적으로 이끌어야 했다. 혁신성과 진취성이 앙트레프레너에게 요구된 자질이었다. 20세기의 앙트레프레너 마인드는 독자적 의사결정으로 보상을 전제로 새로운 경제적 부를 누리기 위한 자율성이 보장되어야 했고 이로써 자유경제 자본주의가 성장했다고 볼 수 있다.

4차 산업혁명 시대 앙트레프레너의 마인드

회사에서 과장 진급을 앞둔 대리 말년 시절에 부서의 상무님이 "고 대리, 어떤 사람이 과장으로 진급하는 줄 알아?"라고 물어보셨던 적이 있다. "성과 좋은 사람이요"라고 대답을 했는데 "아니, 과장처럼 생각하고 행동하는 사람"이라고 하셨던 기억이 난다. 실용주의 철학의 아버지로 불리는 윌리엄 제임스William James가 '당신이 되고 싶은 사람처럼 행동하라'고 한 것처럼 어떤 마음과 행동을 하느냐가 그 사람을 만든다. 어떤 사람이 성공적인 앙트레프레너가 되는가? 성공하는 앙트레프레너의 마인드로 행동하는 사람이 그렇다.

1884년 미국 부자 순위 '포브스 400'에는 자수성가 억만장자가 반도 되지 않았다. 그러나 2018년에는 그 비율이 67%까지 늘어났다. 대부분 스스로 창업을 한 앙트레프레너이다. 현재 최고 부자들은 상속받은 경우가 많다고 생각하지만, 실상은 정반대이다. 우리나라의 경우는 어떨까? 포브스가 매년 발표하는 '대한민국 50대 부자'는 상속 부자들이 대부분이었다. 그러나 2021년부터 추세가 바뀌어서 2022년에는 50인의 명단에 25인의 자수성가 앙트레프레너의 이름이 올랐다. 1위에는 이재용 삼성전자 부회장을 제치고 김범수 카카오 창업자가 이름을 올렸고, 그 밖에 이승건 비바리퍼블리카(토스 개발사) 대표, 김형년 두나무 부회장 등의 이름이 50인의 명단에 포함되었다.

어떤 마인드를 가지느냐에 따라 누구든지 새로운 부 창출의 기회를 만들어 낼 수 있다. 앞서 언급한 대로 혁신성, 진취성, 위험 감수성, 자율성, 경쟁적 공격성 등이 4차 산업혁명 이전 앙트레프레너들이 가져야 할 마인드로 여겨져 왔다. 기업의 경쟁력이었던 공장의 규모와 생산량, 유통망 확보는 하루아침에 일궈지는 것이 아니었으므로 부모, 혹은 조부모로부터 대를 이어 부를 축적해 올 수밖에 없었다. 제조업이 산업의 대부분을 이뤘던 과거와 달리 4차 산업혁명 시대에 들어와서는 카카오, 두나무 등은 플랫폼 하나로 대한민국 최고의 앙트레프레너가 되었다. 성공한 앙트레프레너가 되고 싶으면 그와 같은 마음을 먹고 행동하라고 한다.

그렇다면 새로운 앙트레프레너 마인드란 무엇일까?

새로운 앙트레프레너 마인드를 정의하기 위해 김봉진 우아한형제들 대표, 김슬아 컬리 대표, 이수진 야놀자 대표, 최혁재 스푼라디오 대표, 이승건 비바리퍼블리카 대표, 윤자영 스타일쉐어 대표, 김형년 두나무 부회장 등을 포함하여 2000년대 이후 스타트업으로 성공한 앙트레프레너 50인의 동영상 인터뷰를 분석하였다. 인터뷰의 스크립트를 작성한 후 주요 키워드를 도출한 결과 총 180개의 키워드가 수집되었다. 예를 들어 호기심, 질문, 사회적 책임, 고객에 대한 이해, 도전의식, 도덕의식, 협동, 주인의식, 다양성에 대한 이해, 아이템에 대한 확신, 신의, 고객 사랑, 가성비에 대한 인식, 정산의 투명성, 비즈니스 모델, 니즈 충족에의 노력, 사용자 이해, 끈기, 신념 밀어붙이기, 사업 본질에 대한 충성 등이 그것이다. 180개의 단어 중 가장 많이 언급되고 강조된 단어를 도출하였다. 도출된 단어를 다시 인터뷰의 맥락에 맞게 재분류하여 창의성, 자신 자각, 타인 공감, 트렌드 센싱, 본질 정의, 행동 지속, 협업 총 7개의 단어로 정리하였다. 그중 앙트레프레너들이 가장 많이 언급한 단어 상위 3개를 뽑으면, 압도적으로 가장 많은 단어는 타인 공감이었고, 두 번째가 협업, 마지막으로 용기, 도전 등을 지속할 수 있는 행동 지속성이었다.

창의성
Creating　　앙트레프레너의 필연적 마인드

자신 자각
Self
Discovering　　앙트레프레너 마인드의 시작점

타인 공감
Empathizing　　새로운 앙트레프레너 마인드의 핵심

트렌드 센싱
Trend
Sensing　　앙트레프레너의 시간과 방향

본질 정의
Defining　　앙트레프레너 마인드의 원형

행동 지속
Continuing　　앙트레프레너 마인드의 근력

협업
Cooperating　　앙트레프레너 마인드의 기본기

그림 2
7가지 앙트레프레너 마인드

7가지 앙트레프레너 마인드는 결국 관점에 관한 이야기이다. 나 자신을 대하는 관점은 자신 자각, 창의성, 행동 지속으로 연결된다. 다른 사람에 대한 관점은 타인 공감과 협업으로 이어지며, 사물과 시대를 보는 관점은 본질 정의와 트렌드 센싱으로 드러난다.

나 자신에 대한 관점

타인에 대한 관점

사물과 시대에 대한 관점

그림 3
나 자신, 타인,
사물과 세대에 대한 관점

스타트업
디자인 씽킹

3장

성공한
앙트레프레너의
7가지 마인드

첫 번째, 창의성: 앙트레프레너의 필연적 마인드

모든 창조물은 누군가의 사고가 누군가의 작업을 통해 현실에 드러
난 것이다. 창의성을 뜻하는 creativity는 '만들다'를 의미하는 라틴어
creo를 어근으로 하고 있다. 이는 '창조하다', '만들어 내다'를 의미하
는 create의 명사형이다. 창의성은 '만들어 낸다'라는 행위를 이미 내
포하고 있다. 모든 기업은 앙트레프레너에 의해 창조되는 것이기 때
문에 창의성이 앙트레프레너 마인드로 여겨지는 것은 당연한 것이
다. 새로운 아이디어는 새로운 업을 일으키는 데 심어야 할 씨앗과도
같기 때문이다. 새로운 사업 아이템을 창조하는 것, 기존의 아이템을
새롭게 변화시키는 것, 진행되고 있는 기업을 차별화하여 운영하는
것 모두 창의성으로부터 시작되는 것들이다.

사고의 창의성은 어디에서 오는가? **직관**直觀, intuition, **영감**靈感, inspiration, **통찰**通察, insight에서 온다. 많이 들어봤을 법한 이 3종 세트는 알 것 같으면서도 그 뜻을 누군가가 묻는다면 선뜻 설명이 되지 않을 것이다.

　'직관', 즉 한자로는 '곧을 직直', '볼 관觀'이며 일반적으로, 판단·추리 따위 작용에 의하지 않고, 사물의 본질 또는 알고자 하는 대상 등을 직접 파악하는 것이라고 한다. 옥스퍼드 사전에서도 비슷한 맥락으로 풀이하고 있는데, 의식적 노력과 사유를 거치지 않은 빠른 상태의 진실 인식, 그리고 내부로부터의 지식이나 본능적인 지식 혹은 느낌이라고 정의하고 있다. 브리태니커 백과사전에서 직관이라는 언어가 어떻게 생겼는지에 대한 배경에 대해서 설명을 하고 있는데 '다른 경로를 통해서는 얻을 수 없는 지식의 존재를 설명하기 위해서 만들어졌다'라고 한다. 면역학 연구 노벨상 수상자인 샤를 니콜은 "새로운 사실의 발견, 전진, 도약, 무지의 정복은 이성이 아니라 상상력과 직관이 하는 일이다"라고 말하고 있다. 즉, 분석 아니면 계산과 같은 논리적인 설명의 경로가 없이 어디로부터 온지를 모르는 어떠한 형태의 지식의 존재를 설명하기 위한 용어이다.

　'영감'은 '신령 영靈', '느낌 감感'이라는 한자어이다. 그대로 풀이를 하자면 신령스러운 예감이나 느낌이라고 할 수 있으며, 창조적인 일의 계기가 되는 기발한 착상 혹은 자극이라고 정의된다. 토마스 에디슨의 "천재는 99%의 노력과 1%의 영감으로 이루어진다"라는 말은 매우 유명하다. 부지런함과 근면함을 인생 최고의 가치라고 여기는 우리나라에서는 노력이 얼마나 중요한가를 전달하기 위한 명언으로 활용된다. 그렇지만 전해지는 이야기에 의하면 토마스 에디슨을 인터뷰한 기사 전문의 내용은 영감이라는 것이 매우 중요하기 때문에 어떤 발명품도 영감으로부터 시작되지 않으면 그 이후 노력이 아무리 훌륭하다고 하더라도 성공할 수 없는 의미였다고 한다. 즉, 노력보다 중요한 것이 영감을 얻는 일이다.

'영감'의 영어 표기는 inspiration이다. 그리스 신들의 계보인 신통기는 음악의 여신이 헤시오도스라는 신에게 노래를 어떻게 부르는지를 알려 주기 위해서 숨을 불어넣어 줬다는 이야기다. 이 이야기에 나오는 '불어넣다'라는 뜻의 inspíra라는 라틴어가 inspiration의 어원이다. 그만큼 영감이라는 부분은 인간의 영역을 넘어선 신성한 느낌까지 주는 미지의 세계로부터 오는 것으로 여겨진다.

마지막으로는 **'통찰'**이다. 한자로는 '밝을 통通', '살필 찰察'로서, 있는 그대로 해석을 해 보자면 예리한 관찰력으로 사물을 꿰뚫어 살핀다는 의미이다. 새로운 사태에 직면하여서 그 사태를 해체하고 재조직화함으로써 갑작스러운 문제를 해결하거나 또는 해결하는 과정을 통찰이라고도 한다. 심리치료에서는 환자가 이전에는 인지하지 못했던 본인의 심적 상태를 알게 되는 것들을 통찰이라고 일컫는다. 디자인 영역에서는 사용자가 미처 인식하지 못한 숨겨진 니즈나 그 니즈를 발견할 수 있는 능력이라고 통용된다. 통찰의 영어 표기인 insight에 힌트가 있다. '시력', '시각', '광경'을 뜻하는 sight 앞에 '안'을 의미하는 'in'이 결합한 합성어이다. 보이는 것 안에 있는 것을 보는 것 정도로 해석이 된다. 그래서 흔히들 '너 인사이트가 있다'라고 하면, 남들이 못 보는 것을 보는 독창적인 안목이 있다는 칭찬으로 받아들이게 되는 것 같다. 이렇듯 통찰은 직관, 영감에 비해서는 비교적 보편적으로 사용된다.

창의성의 근원이라고 하는 직관, 영감, 통찰은 언뜻 음악가, 미술가와 같은 예술가나 디자이너 같은 직업군만의 고유 영역 같지만 반드시 그렇지는 않다. 대표적으로 알베르트 아인슈타인Albert Einstein은 직감과 직관, 사고의 깊은 본질이라고 할 수 있는 심상이 먼저 나타나고 말이나 숫자는 이것의 표현 수단에 불과할 뿐이라고 주장했다. 수학이나 논리학은 아인슈타인에게는 부차적인 수단이었는데 실제로 아인슈타인은 본인이 수학에 무지해서 어려움을 겪었다고 전해진다. 이처럼 과학 분야에서 역시 직관, 직감 등이 지대한 영역을 차지하고 있다.

루이스 부르주아Louise Bourgeois는 20세기 후반 설치미술의 선구자인 미국 조각가이다. 그는 영감에 대해서 이렇게 표현을 했다. "예술이란 물질적인 사실과 영적인 효과 사이에 불일치를 말하는 것이고, 삶에 대한 반응을 시각적인 공식으로 나타낸 것이다." 예술은 영적인 효과와 물질적인 어떤 사실, 다시 말해, 이성적인 것과 그렇지 않은 것 사이에서 일어나는 불일치이다. 그 불일치에서 일어나는 묘한 우연성 자체가 예술이라는 표현을 하고 있으며 그것이 삶에 대한 반응이 시각적인 공식으로 나타낸 것, 가시화된 것, 그것을 설치하는 것이 예술로 승화되었다고 말하고 있다. 역사상 가장 위대한 화가 중 하나로 손꼽히는 파블로 피카소Pablo Picasso, 미국의 물리학자 리처드 파인만Richard Feynman, 영국의 화학자 마이클 패러데이Michael Faraday 등의 천재 예술가와 물리학자 역시 논리적 사고보다 시각적이고 직관적인 사고 중심에 서 있었다는 것이 밝혀지고 있다.

창의성인 직관, 영감, 통찰을 이야기하다 보면, 공통된 점이 있는데 마음의 형태, 심상, 가시화 등으로 드러난다는 점이다. 이것들을 '상상력'이라고 부른다. 창의성과 상상력 둘 차이를 구분하기는 매우 어렵고 솔직히 구분해야 할 실익도 있어 보이지 않지만 상상력은 보이지 않는 것을 마음에 그리는 것, 창의성은 그것을 구체적으로 구현해 내는 것 정도로 이해하면 될 것 같다. 즉 창조하는 힘인 창의성은 상상력을 전제로 한다. 상상력의 영어 표기인 imagination은 '상상하다'를 뜻하는 라틴어 imaginari를 어원으로 하고 있다. 우리가 흔히 말하는 '이미지image'가 그것이다. '이미지가 좋다' '그 이미지가 어때?' 등의 예시처럼 이미지는 일상생활에서 흔히 쓰는 용어이다. '이미지'의 어원과 '상상하다'를 뜻하는 단어의 어원이 같다는 점을 생각해 보면, 상상력이란 것은 '머릿속에서 어떤 형상이 떠오르는 것' 혹은 '머릿속에서 어떤 것을 이미지화하는 것'이라고 할 수 있을 것이다.

상상력을 동양적 관점에서 살펴보자. 상상력의 한자어는 생각할 상想, 모양 상像, 힘 력力이다. 여기에서 모양 상像은 코끼리 상象에 사람 인人을 부수로 사용한다. 그대로 풀이하자면 모양을 생각하는 힘이 상상력인데 무슨 뜻일까? 코끼리를 사진이나 동영상으로 볼 수 없었던 시대에는 죽은 코끼리의 뼛조각이나 벽화, 아니면 부족 어르신으로부터 전해 들은 정보들을 수집하여 머릿속에서 코끼리의 형상을 연상했을 것이다. 예를 들어 코끼리의 코뼈를 보고 "코뼈가 이렇게 긴 거로 봐서 코가 길었을 거야"라고 이야기를 했을 것이다. 이와 같은 정보를 통해서 머릿속에서 코끼리 이미지를 그리게 되었고 결국 육체의 눈으로 보지 않은 그 어떤 이미지를 그려 냈다.

그림 4
상상력의 의미

현대 전기문명을 완성한 천재 물리학자 니콜라 테슬라Nikola Tesla
는 최근에 와서는 토마스 에디슨보다 더 뛰어난 과학자로 주목받고
있다. 테슬라 덕분에 전기혁명의 가속화가 일어났고, 엄청난 경제성
장을 이룰 수가 있었다. 오늘날 일론 머스크Elon Musk가 창시한 테슬
라가 이 니콜라 테슬라에서의 테슬라를 가지고 온 이름이다. 테슬라
는 "나는 어떤 생각이 떠오르면 머릿속으로 즉시 그것의 기본 모형을
상상해서 그려 본다. 상상 속에서 그것의 구조를 바꿔 보기도 하고,
한번 작동시켜 보기도 한다."라고 했다. 다중지능이론을 만든 하버드
대학교의 심리학 교수인 하워드 가드너Howard Gardner도 천재라고 인
정한 파블로 피카소는 "나는 보이는 대로 그리는 것이 아니라, 생각
하는 대로 그린다."라는 명언을 남겼다. 눈이라는 신체 기능 너머 사
고라는 보이지 않는 세계를 이미지로 형상화한 것이다.

창의력은 시각적 사고visual thinking를 통해 작동된다. 1950년대 스
탠퍼드 공과대학은 창의력을 극대화하기 위해 '시각적 사고'라는 수
업을 운영했다. 미술을 전공한 로버트 맥킴Robert McKim 교수는 기계
공학과 학생들 대상으로 머릿속 상상을 이미지화할 수 있는 사고의
시각화를 위한 다양한 시도를 했고, 이 프로그램은 오늘날 가장 창의
적이고 혁신적인 방법론인 디자인 씽킹으로 발전한다.

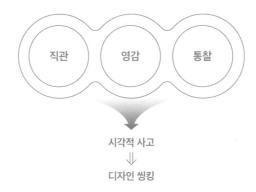

그림 5
창의적인 방법론 디자인 씽킹

두 번째, 자신 자각: 앙트레프레너 마인드의 시작점

자신 자각은 앙트레프레너 마인드의 시작이 되는 지점이다. 국내 크라우드 펀딩 플랫폼의 대표 주자인 와디즈wadiz의 신혜성 대표, 여성들을 위한 커리어 플랫폼 헤이조이스heyjoyce를 운영하는 플래너리의 이나리 대표, 프리미엄 스터디카페 독서실 브랜드인 작심ZAKSIM의 강남구 대표를 포함한 대부분의 앙트레프레너들의 공통점은 스스로에 대한 이해도가 높다는 점이다. 신혜성 대표는 인터뷰를 통해 "단순히 돈이 되는 것이 아닌 본인이 좋아하는 일에 투자"하라고 한다. 이나리 대표는 "일하는 것이 반드시 돈을 버는 것만은 아니며 일을 한다는 것은 자기 실현을 위한 방법 중 하나로서 자신이 무엇을 잘하는지에 대한 이해가 필요하다"라는 가치관을 가지고 있다. 강남구 대표 역시 "자신이 무엇을 좋아하는지를 고민하라"라고 조언했다. 이처럼 자신이 어떤 사람이고, 무엇을 좋아하고, 무엇을 잘하는지에 대해 정확하게 이해하고 아는 것, 즉 나 자신에 대해 깊이있게 아는 것을 '자신 자각'이라고 표현하겠다.

필자는 디자인대학을 졸업한 후 진로를 변경하여 신림동 고시촌에서 법학을 공부한 적이 있었다. 당시 주위에선 이해할 수 없다는 시선으로 바라봤지만 그다지 놀랄 만한 선택은 아니었다. 거실 벽장을 둘러싼 각 국가의 법률 도서를 보고 자라났고, 판사와 변호사가 된 주위의 멋진 어른들을 보며 성장했다. 법정에 선 변호사의 도도하고 지적인 모습을 다루는 영화나 드라마는 꼭 녹화해서 보곤 했다. 공부하는 것은 나름 흥미로웠다. 그렇지만 '법학 공부가 적성에 맞지 않는 사람'이라는 것을 세 번의 사법시험 낙방을 통해 확인받았다. 좋아하는 것과 잘하는 것은 엄연히 달랐다. 세 번의 사법시험을 보고는 더 이상 고시 공부를 하지 않았는데, 부모님과 딱 세 번만 시험을 보고 떨어지면 그만둔다는 약속이 있었기 때문이다. 네 번째 시도를 하려던 내게 부모님은 "너는 창의적인 사람이어서 법학 말고 좀 더 자유로운 공부를 하면 잘할 것"이라고 말씀하시면서 만류하셨다. 시간이 흐른 뒤 생각해 보니 당시 내가 좋아하는 것과, 타인의 눈에 좋아보이는 것을 구분하지 못했던 것 같다. 내가 어떤 사람인지, 어떤 종류의 일을 좋아하고 잘하며, 앞으로 어떤 모습으로 살아가고 싶은지에 대한 자각을 하는 데 값을 비싸게 치른 셈이다. 법학 공부를 그만두고 2년간 방황의 시간을 가졌다. 나이는 많았고, 디자인 전공자로서의 경력은 끊겼으며, 수년간의 고시 생활로 체력은 몸과 마음은 지칠 대로 지쳐 있었다. 이후 대학원에 들어가서 디자인 실무와 경영이접목된 디자인경영을 공부하면서 새로운 인생의 길로 접어들었다. 결론적으로는 그로부터 10여 년이 지난 지금 그 자각의 경험 덕분에 나에게 맞는 옷을 입고 나 다운 모습 그대로 살아가고 있다.

디자인학과의 시각디자인 기초과목에서는 점으로 자기 자신을 표현하는 프로젝트를 진행한다. 내가 누구인지 고찰하고 꿈과 인생의 목표를 그래픽 요소인 점dot으로 표현하는 과정이다. 교육 목적은 그래픽 요소의 성질을 이해하고 디자인 능력을 함양시키기 위한 것이 주요 목적이지만 나를 바로 아는 자각을 토대로 미래 자신의 꿈과 목표를 설정하기 위한 것이 부차적 목적이다. 첫 번째 단계는 과거의 나, 현재의 나, 미래의 나에 대해 들여다보고 나는 어떤 사람인지에 대해 글로 정리한다. 그룹을 지어서 서로의 이야기를 나누고 동료들의 질문과 피드백을 통해 미처 내가 몰랐던 다른 면에 대해서까지 깊은 고찰의 단계를 거친다. 두 번째 단계는 정리된 글을 이미지로 정확하고 아름답게 표현하는 방법을 연구하기 위해 레퍼런스를 참고한다. 마지막으로 레퍼런스로 찾은 이미지 100여 장을 스케치하

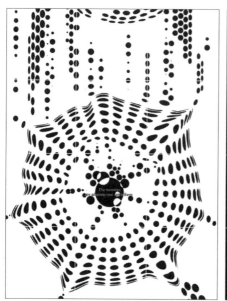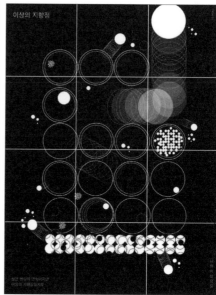

그림 6
시각디자인 기초과목 학생 작품

고, 피드백을 통해 하나의 이미지를 선정하여 점이라는 그래픽 요소
를 활용하여 표현하는 것이다. 과거의 나, 현재의 나를 정확하게 진단
하지 못하면 미래의 모습, 즉 진로의 목표점이나 삶의 목적을 생각해
낼 수 없다. 막연한 생각들을 글로 적어 내는 것은 또 다른 창조 작업
으로서 생각을 언어로 가시화하는 작업이고 이미지화하는 디자인 작
업은 비언어로 가시화하는 작업으로서, 각기 다른 효과를 지닌다.

　　글은 언어verbal 영역으로서, 인간의 '의식'을 작동하도록 한다. 이
미지는 비언어non-verbal 영역으로서 인간의 '잠재의식'을 작동하는 효
과가 있다. 의식은 말 그대로 정보를 이성적으로 받아들이는 과정이
다. 잠재의식은 의식과 비교하여 몇 가지 특징이 있는데 유입되는 정
보를 이미지화하여 받아들인다는 점, 부정과 긍정을 구분하지 않는

다는 점, 시제를 구분하지 않는 점 등이 그것이다. 창의성의 근원인 직관, 영감, 통찰이 이미지로 작동하는 시각적 사고를 한다는 점과 연결되는 부분이다. 또한 이것은 창의성이 잠재의식에 발현된다는 근거가 되기도 한다. 노아 세인트 존Noah Saint John박사는 잠재의식은 전체 뇌 기능 중 90% 이상을 차지한다고 하면서, 잠재의식이 받아들일 수 있는 형태로 정보를 얻음으로써 뇌의 활용도를 높이라고 조언한다. 자신에 대한 자각에 입각한 정확한 목표를 글로 표현함으로써 의식 속에 각인하고, 그 글을 이미지화해서 잠재의식에 투영하여 뇌가 그 이미지에 맞게 활동하도록 한다. 이를 통해 자신 자각을 구체화할 수 있다.

자신에 대한 자각이 중요한 첫 번째 이유는 **'목표를 세울 수 있기 때문'**이다. 위의 예처럼 나에 대한 자각이 없으면, 누군가에 의해 만들어지거나 나와 맞지 않는 피상적인 목표를 가지게 될 수밖에 없다. 목표 설정이 중요하다는 것은 이미 많은 자기계발서에서 구체적으로 다루고 있다. 《결국 해내는 사람들의 원칙》의 저자 앨런 피즈 Allan Pease, 바바라 피즈Barbara Pease는 저서에서 미국의 보험왕 출신 억만장자이자 성공 행동가 폴 J.마이어Paul J. Meyer가 소개한 목표 설정 관련 연구를 언급한다. 미국인의 3%가 목표와 계획을 글로 확실하게 써 놓고, 10%가 인생의 목표로 삼는 생각을 가지고 있으며, 60%가 목표 설정을 고려하지만 금전적인 부분에 머물고, 27%는 목표 설정이나 미래에 대해 생각해 본 적이 거의 없다고 한다. 이와 같이 네 부류의 연구자 대상의 정체는 다음과 같은데 3%는 엄청난 성공을 거둔 사람, 10%는 적당히 부유한 사람, 60%는 일반 서민, 27%는 국가 보조와 자선에 의지해서 살아가는 사람이라는 것이다. 목표를 글이라는 형태로 가시화할 수 있기 위해서는 자신 자각이라는 단계를 통과해야 가능한 것인데, 성공한 사람들은 이 단계를 통과한 것이다.

두 번째 이유는 **'경쟁력을 갖추기 위해서'**이다. 자신과 맞지 않는 길을 간다면 불필요한 노력과 에너지가 소모되기 때문에 오래도록 지속하기 힘들기 때문이다. 이런 의미에서 자신 자각은 여섯 번째 마인드인 행동 지속과도 밀접한 관련이 있다. '아는 자는 좋아하는 자만 못하고 좋아하는 자는 즐기는 자만 못하다知之者 不如好之者 好之者 不如樂之者'라는 공자의 말을 생각해 보자. 내가 나를 잘 모르는 경우는 가장 두려운 경우이다. 남들이 바라는 내가 나라고 생각하거나, 어렸을 때 잘못 각인된 위인상이 나라고 생각하기도 한다. 마음을 내려놓고 힘을 뺀 상태로 일이나 공부를 했을 때 생각보다 좋은 결과를 얻은 적이 있을 것이다. 안되는 것을 열심히 하려는 감정적인 에너지를 쏟지 않아도 되기 때문이다. 좋아하고 잘하는 일을 할 때 90%의 즐거움이 있으면 10% 정도의 에너지가 들어가도 진행될 텐데, 그렇지 않은 일을 하게 되면 10%의 즐거움에 90%의 노력을 쏟아부어야 한다.

디자인학과는 실기 수업 위주로 운영되고 수업시간에 완성하지 못한 결과물은 과제로 주어진다. 게다가 여러 과목에서 실기 과제가 별도로 주어지기 때문에 밤샘 작업이 많은 학과 중 하나이다. 학기 말이 되면 두 부류의 학생으로 극명하게 분류가 되는데 밤샘 작업을 해서라도 본인이 원하는 결과물을 만들어 내는 학생과 그렇지 못한 학생이다. 교수진이 열심히 하라는 압박을 하는 것은 아니다. 단지, 학생의 콘셉트를 발전시킬 수 있는 피드백을 줄 뿐이다. 디자인이 적성에 맞아 재미있어하는 학생은 힘들고 어려운 과정을 감내하는 것이고, 그렇지 못한 학생은 포기하는 것이다. 디자인뿐 아니라 모든 일이 그렇다. 끈기와 인내로 버티는 힘은 적성에 맞아서 선택한 일을 할 때 쏟아부어야 할 에너지이다. 내가 진정으로 원하는 것이 아닌 일을 하면 억지와 불평이 담긴 부정적인 감정을 방출하게 되는데 이 부정적인 감정은 엄청난 에너지를 가지고 있다. 반면, 하고 싶은 일을 하게 되면 남들이 시키지 않아도 힘든 줄 모른 채 밤을 새워서 하곤 한다. '스스로는 별로 열심히 하지 않았다'고 생각하면서 말이다. 1만 시간의 법칙이라는 것이 있듯이 어떤 일이든 지속적으로 해야 결과를 얻을 수 있다. 어떠한 행동을 지속하기 위해서는 '자신에 대한 자각'을 먼저 해야만 한다.

자신에 대한 자각이 중요한 마지막 이유는 **'자신에 대한 자각은 협력을 가능하게 하기 때문'**이다. 세상에 나 혼자 할 수 있는 일은 아무것도 없다. 어떠한 형태로든 어떠한 강도로든 타인과 함께 관계를 맺고 도움을 주고받으며 살아간다. 특히 다수의 앙트레프레너들이 공감 다음으로 중요하다고 꼽은 마인드가 일곱 번째 마인드인 협업인데, 이 협업을 잘하기 위해서는 자신 자각이 수반된다. 내가 무엇을 잘하고 못하는지에 대한 정확한 진단이 없거나 잘한다는 것과 좋아한다는 것을 혼동하고 있다면 내가 원하는 목표를 위해 필요한 도움을 구할 수가 없고, 업무 분배에 착오를 초래한다. 협력의 중요성에 대해서는 새로운 앙트레프레너 마인드 중 하나인 협업 영역에서 다루겠다.

세 번째, 타인 공감: 새로운 앙트레프레너 마인드의 핵심

과거의 앙트레프레너 마인드가 혁신성, 진취성, 위험 감수성, 자율성, 경쟁적 공격성이었다는 점을 기억할 것이다. 2000년대 이후 50인의 앙트레프레너들의 인터뷰에 가장 비중있게 언급된 단어는 '공감'이었다. 그다음으로 '협업'이 뒤를 이었는데 두 단어 모두 그 중심에 '사람'이 있다는 점에서 이전의 앙트레프레너 마인드와 확연히 다르다. 앙트레프레너들은 각기 다양한 사례와 예시를 들어 '타인 공감'을 강조했고, 사용자의 니즈 파악, 고객의 니즈 해결, 사람에 대한 관찰, 구매자에 대한 이해, 고객의 니즈 해결, 사람에 대한 공감과 배려, 소비자에 대한 공감, 소비자의 입장이 되어보려는 노력 등 다양한 맥락속에서 '타인 공감'의 중요성을 언급했다.

공감의 영어 표현은 empathy로서, 비슷한 용어로 동정을 의미하는 sympathy가 있다. 이 둘의 차이는 아래와 같이 표현을 하면 이해가 될 것이다.

공감 Empathy	동정 Sympathy
Em-(안으로) + Pathos(감정, 느끼다)	Sym-(함께) + Pathos(감정)
관찰자가 기꺼이 다른 사람의 경험의 일부가 되어 그들의 경험에 대한 느낌, 감정, 사고 등을 정확히 이해하고 이를 공유하는 적극적인 참여	다른 사람의 곤경을 보고 타인이 이미 경험한 감정에 대해 측은함을 느끼는 수동적인 감정 및 참여

그림 7
공감과 동정 비교

누군가와 같은 입장이 되어 공감한다는 것은 누군가를 위해 동정한다는 것과 매우 다르다. 동정을 하면 자원봉사나 선행이라는 행위로 연결된다. 그러나 공감이란 영어 관용어구인 'in one's shose(~의 입장이 되어)'가 표현하는 것처럼 누군가의 신발을 신어 보는 것과 유사한 행위이다. 즉, 그 사람의 입장이 되어 보는 것이다. 대상이 되는 그 문제 혹은 고객, 사용자의 생활에 들어가서 그 입장에서 문제를 찾고 해결한다는 것이 '타인 공감'의 본질이다.

그렇다면 모든 앙트레프레너들이 이토록 '타인 공감'을 중요시하는 이유는 무엇인가?

첫째는, 사용자가 공감하지 못하는 제품이나 서비스는 팔리지 않는 시대이기 때문이다.

국내 최초의 전기냉장고는 1965년에 '눈표냉장고'라는 LG전자(당시 금성사)의 냉장고이다. 같은 해 국내 냉장고 보급률은 1% 미만이었다. 대졸 신입사원이 2년을 모아야 구매할 수 있을 만큼 고가였기 때문이다. 1970년대에 들어서자 냉장고에 대한 수요가 급증하기 시작하면서 금성사뿐 아니라 동신전기, 대한전선, 동양정밀, 삼양전기에서 신제품을 내놓기 시작했다. 당시에는 어떻게 하면 최대한 많은 냉장고를 만들어서 최대한 빠른 유통을 통해 공급할 수 있을까가 사업의 성패를 좌우했다. 사람들의 니즈는 단순했다. 냉동·냉장이 잘되면 줄을 서서 구매했다. 대단한 마케팅이 필요하지도 않았다. 1968년형 금성 전기 냉장고의 광고 카피는 '여름철 자녀들의 건강은 금성 냉장고 속의 시원한 음료수, 싱싱한 음식물에 있습니다'였다. 냉장고 본연의 기능 외 부수적인 기능이 없이도 팔 수 있었다. 오늘날은 어떠한가? 냉장고가 없는 집이 없다. 김치 냉장고, 화장품 냉장고, 와인 냉장고, 심지어 음식물쓰레기 냉장고에 이르기까지 종류도 다양하다. 사람들의 니즈는 점차 발전하고, 섬세해졌으며, 파악하기 까다로워졌다. 기업들은 사람들의 니즈를 파악해서 경쟁사의 제품에는 없

그림 8
LG 눈표냉장고 (출처: LG전자 소셜 매거진)

는 기능을 추가해야만 구매자의 선택을 받을 수 있게 되었다. 고객 스스로도 잘 모르는 니즈를 발견해서 제시해야만 감동을 받는 시대가 됐다.

최근 냉장고는 냉동·냉장 기능이 되는 하나의 IT기기가 되어가고 있다. 냉장고 문을 닫지 않고 외출을 하면 모바일 애플리케이션으로 알람을 받아 원거리에서 냉장고 문을 닫을 수 있고, 양손에 음식물을 들고 있어 냉장고 문을 열기 힘든 사용자를 배려하여 냉장고 문 바닥 면에 센서를 심어서 발을 갖다 대면 문을 열 수 있도록 했다. 사용자들을 관찰해 보니 목적과 이유 없이 냉장고 문을 여는 횟수가 많고 그만큼 열손실이 많다는 것을 발견했다. 이러한 점에 착안하여 냉장고 문을 두드리면 냉장고 문을 열지 않고도 무엇이 들었는지 확인할 수 있는 냉장고가 출시되었다. 냉장고 문은 스크린 역할을 하고 남은 음식물의 목록과 보유한 식자재를 활용한 요리법을 제안한다. 본연의 음식물 보관의 기능에 충실하되, 더 세밀하게 사용자를 배려하고, 사람들의 편의를 도울 수 있는 냉장고로 진화했다.

사용자 경험User Experience, UX이라는 개념이 등장하면서 기업이 판매하는 것은 냉장고라는 '물건'에서 사용자에게 주는 '경험'으로 그 개념이 바뀐 것이다. '어떤 물건을 팔 것인가?'에서 '어떤 경험을 제공할 것인가?'로 질문이 전환되었다. 이러한 사고의 전환은 '사용자' 즉 '사람'에 대한 공감이 축이 되었다. 기술의 눈부신 발전은 '냉장고를 어떻게How 잘 만들어서 팔 수 있을까'라는 기술적인 고민이 '냉장고를 사용하는 사용자들의 보이지 않는 니즈가 무엇What 일까'라는 인문학적 고민으로 바뀌었다. 그리고 이에 관한 연구를 하는 인문학 전공자, 디자인 전공자의 역할이 두각을 드러내기 시작했다.

둘째는, 공감은 기술이 발달해도 인공지능이 대체할 수 없는 인간 고유의 영역이기 때문이다.

10여 년 전쯤 우리나라에 인문학 열풍이 불었던 기억이 나는가? 여기에 기여한 것은 스타트업의 메카인 미국 실리콘밸리의 여러 앙트레프레너들이었다. "우리가 창의적인 제품을 만든 비결은 항상 기술과 인문학의 교차점에 있고자 했기 때문이다" "소크라테스와 점심을 함께 할 수 있다면 애플이 가진 모든 기술을 그것과 바꾸겠다"라고 한 스티브 잡스, "나에게 취미가 두 가지 있다. 첫째는 컴퓨터 프로그램을 만드는 것이고 둘째는 그리스, 라틴 고전을 원전으로 읽는 것이다"라고 말한 마크 저커버그가 대표적이다. 인문학人文學, humanities 이란 인간과 인간의 근원 문제, 인간과 인간의 문화에 관심을 갖거나 인간의 가치와 인간만이 지닌 자기표현 능력을 바르게 이해하기 위한 과학적인 연구 방법에 관심을 갖는 학문 분야로서 인간의 사상과 문화에 관해 탐구하는 학문이다. 인간 중심의 사고, 인간에 대한 연구는 사람에 대한 공감이 중심축이 된다. 스티브 잡스나 마크 저커버그는 실제로 사람에 대한 깊은 공감을 토대로 새로운 사업 아이템을 만들어 냈다. 유튜브 CEO 수잔 워치츠키Susan Wojcicki는 역사학과 문학 전공자, 링크드인의 CEO 리드 호프먼Reid Hoffman은 철학 전공자인 점도 우리나라 IT 업계에 신선한 시사점을 선사했다. 이렇게 인문학이 주는 사람 본연에 대한 연구와 인사이트는 더 이상 기술만으로 차별화할 수 없는 지금 시대에 중요한 요소가 되었다.

타인 공감은 물리적 행위가 가능한 방법론으로 이해하는 것이 옳다. 사용자의 환경에 들어가서 그들의 생활 패턴과 사소한 움직임, 표정, 이야기를 같이 느끼고 경험하면서 니즈를 발굴한다. 이것을 에스노그래피 리서치ethnograpy research라고 하는데 공감의 한 방법으로서 직접 그들의 삶에 들어가서 완전히 사용자에게 몰입하여 사용자 자신이 되어 관찰하고 기록하는 기법이다. 공감하는 방법으로서 가장 주요한 것이 바로 관찰이다. 디자인 씽킹의 가장 중요한 가치이자 단계가 '공감'이다. 2부에서는 어떻게 '타인 공감'을 하는지에 대한 방법을 제시한다.

네 번째, 트렌드 센싱: 앙트레프레너의 시간과 방향

이탈리아 토리노 박물관에 있는 기회의 신인 카이로스 조각상 아래에는 이런 글이 있다.

> 내 앞머리가 풍성한 것은 사람들이 내가 누구인지 금방 알아차리지 못하게 하기 위함이지만, 한편으로 나를 쉽게 붙잡을 수 있도록 하기 위함이다. 뒷머리가 대머리인 것은 내가 지나가면 다시 붙잡지 못하게 하기 위함이다. 어깨와 발뒤축에 날개가 달린 것은 최대한 빨리 도망가기 위함이다. 왼손에 저울을 든 것은 일의 옳고 그름을 정확히 판단하기 위함이고, 오른손에 칼을 쥔 것은 칼로 자르듯 신속히 결

단하기 위함이다. 내 이름은 카이로스 다음 아닌 '기회'이다.

　이처럼 기회라는 것은 누구나 알아볼 수 있는 흔한 모습을 하고 있지 않고, 기회를 확인하더라도 포착하는 건 쉬운 일이 아니다. 순간에 지나가는 기회를 잡기 위해서는 저울과 같은 정확한 판단력과 칼과 같은 결단이 필요하다.

그림 9
기회의 신, 카이로스

2014년 7월에 서비스를 시작한 인테리어 앱 '오늘의 집'은 팬데믹 시대에 집에 머무는 시간이 늘어나면서 '집콕 특수'를 맞았다. '오늘의 집'은 27세 공대생이었던 이승재 대표가 만든 라이프 스타일 인테리어 앱으로서 2018 구글플레이어가 선정한 '올해의 베스트앱'에 선정되었다. 이는 최대 월 거래액 1500억을 달성하면서 2022년 2월 기준 전체 누적 거래액 2조원을 넘었다. 이승재 대표는 인테리어 분야는 기술에 의해 혁신이 아직 오지 않은 분야이며 "앞으로 지속적으로 디지털화가 진행될 것이라 예측"했다. 이러한 예측을 토대로 '빠른 속도로 산업을 바꾸는 역할'로서 오늘의 집을 단순한 인테리어 제품 판매를 넘어 원스톱 인테리어 정보 제공을 기반으로한 원스톱 서비스와 커뮤니티로 성장시켰다. 변화하는 사용자의 니즈를 파악하여 라이프 스타일 브랜드로서 랜선 집들이, 인테리어 콘텐츠라는 전환을 시도한 점 역시 성공의 요인이었다.

성공한 앙트레프레너들이 트렌드 센싱이 필요하다고 하는 이유는 '기회를 잡기 위함'에 있다.

기회란 누군가를 마주칠 사소한 기회부터 새로운 업무를 맡을 기회, 방향성을 바꿀 기회, 성장할 기회, 하던 사업을 철수해야 할 기회 등 크고 무거운 기회를 포함한다. 기회라는 보물을 발견하고 잡기 위해서는 세상이 어떠한 방향으로 어떻게 흐르고 있는지, 즉 트렌드를 파악하고 그에 맞는 적절한 대응을 해야 한다. 트렌드라는 용어는 유행이라는 용어와 혼용되어 일상 속에서 친숙하게 사용되고 있지만, 트렌드는 일정한 방향성과 기간을 가지고 있다는 점에서 일시적이고 단편적인 유행과는 차이가 있다. 사전적으로는 '어떤 방향으로 쏠리는 현상, 경향, 동향, 추세'를 의미한다. 트렌드는 특정한 사건 또는 현상이 개별적 혹은 독립적으로 존재하지 않는다. 일련의 사건들이 유기적으로 발생해서 이것들이 서로 얽히고설켜서 큰 흐름을 형성하기 때문이다. 트렌드가 어떻게 흘러가는지에 대한 현상을 파악하고, 어떤 방향으로 흘러갈지에 대한 단서를 얻고 움직이지 않으면 아무리 훌륭한 아이디어라도 성공으로 연결되지 못한다.

최초의 태블릿PC는 애플의 아이패드가 아닌 LG전자의 제품이었다는 것을 아는가? LG전자는 2001년 주문자 상표 부착 생산(OEM) 방식으로 태블릿PC의 원조로 불리는 디지털 아이패드를 생산했다. 2년 동안 10여 명의 연구 인력과 20억 원이 투입된 제품이었다. 그러나 LG전자는 2005년부터 OEM을 중단하고 자체 브랜드를 갖춘 노트북 PC를 내놓으면서 당시에는 시장성이 없어 인기를 끌지 못했던 태블릿PC 사업을 대폭 축소해야만 했다. 애플의 아이패드는 그로부터 약 9년 뒤인 2010년에 출시되었다. 출시되자마자 뉴욕, 샌프란시스코 미국 주요 도시들의 애플 스토어와 전자제품 유통점인 베스트바이에 이 제품을 구매하기 위한 엄청난 인파가 몰려들었다. 그 이후로도 판매량이 꾸준히 늘어 2022년 1분기 애플 아이패드의 판매량은 1,488만대로 786만대를 판매한 삼성을 2배 차로 따돌리며 1위를 차지하고 있다. 최초의 태블릿PC가 LG전자 제품이라는 사실은 아는 사람만 알고 있다.

획기적 시도였던 LG전자의 태블릿PC가 성공하지 못했던 원인은 역설적이게도 너무 앞서갔기 때문이다. 2002년 당시는 스마트폰이 없던 시대였다. 휴대폰 화면이 256컬러에서 65000컬러로 확대되었다는 사실에 기술의 끝은 과연 어디까지일까라며 찬사를 보내던 때였고, 휴대폰 벨소리가 32화음이냐 64화음이냐를 두고 제조사들이 경쟁을 하던 시기였다. 스마트폰이라는 개념이 없었기 때문에 스마트폰 생태계에 학습된 소비자층이 형성되지 않았었다. 회사는 태블릿PC로 할 수 있는 사용자의 행동을 제시하지 못했다. 한 마디로 소비자들의 공감대를 얻지 못한 것이며 트렌드라는 흐름을 타지 못했다는 이야기다. 애플의 태블릿PC인 아이패드는 2007년 아이폰이 세상을 발칵 뒤집어 놓은 지 3년 후에 출시되었다. 참고로 LG전자와 삼성전자는 2009년에 최초의 스마트폰을 출시한다. 고객들은 3년 사이에 놀라운 속도로 스마트폰 생태계에 적응했다. 스마트폰 사용은 트렌드가 되어 더 큰 화면의 스마트폰이 필요하다는 또 다른 마켓을 형성하였고, 그 마켓을 태블릿PC가 차지하였다. LG전자의 태블릿PC가 스마트폰 탄생 이후나 아이폰이 나온 2007년과 아이패드가 나온 2010년 사이에 출시되었다면 어땠을까라고 조심스럽게 생각해 본다.

너무 빨라도 안되고, 너무 늦어서도 안 되는 기회를 잡기 위해서 트렌드를 예측하고 대응하면 얼마나 좋겠는가. 미래 학자 존 나이스비트John Naisbitt는 누구도 트렌드를 예측할 수는 없으며 단지 트렌드의 단서는 찾을 수 있다고 한다. 그는 "트렌드는 말과 같아서 이미 가고 있는 방향으로 올라타는 게 좋다"라는 교훈 남기면서 말이 어느 방향으로 가는지를 알기 위해서는 "내 주변 사람들의 관심사와 사회의 밑바닥에서 일어나는 변화를 잘 관찰하고 하나씩 뜯어 봐야 한다"라고 조언했다. 1990년대 미디어가 발달하지 않던 당시의 존 나이스비트는 당시 미국 전역에 있는 10~20년 치 신문을 읽고 분석하며 일정한 패턴을 발견해 냈다. 단편적으로 일어나는 일들을 통합적으로 분석해 보면 공통된 분모로 지속적으로 움직이기 때문이다. 패턴을 발견하고 그 안에서 트렌드의 단서를 밝히는 것은 그것을 하는 사람의 인사이트와 상상력이 더해져야만 가능하다. 그것도 나 혼자만의 것이 아니라, 여러 명과의 토론을 통해 도출해 내는 것이 중요하다.

이를 훈련하기 위한 방법 중 하나가 STEEP 분석이다. 이는 사회Society, 기술Technology, 경제Economy, 생태Ecology, 정책Policy의 전반적인 트렌드를 파악하는 거시적 환경 분석 방법으로, 이를 기반으로 정보를 수집한 후 함께 토론하면서 인사이트 발굴을 하는 과정을 거친다. 그것은 트렌드를 센싱하는 감각을 키우는 과정이다. 사회, 경제 등 주위에서 일어나는 모든 일을 관찰하고 통합적으로 생각하며, 지속적으로 토론을 통해 인사이트를 찾아가는 과정에서 시대를 읽는 센싱 능력이 향상한다.

다섯 번째, 본질 정의: 앙트레프레너 마인드의 원형

인터넷이 본격적으로 도입된 정보화 시대인 3차 산업혁명을 맞이하면서 '우리는 정보의 홍수 속에 살고 있기 때문에 올바른 정보를 선택할 줄 알아야 한다'라는 논설이 앞다투어 쏟아졌던 기억이 난다. 오늘날은 정보가 사람의 선택을 기다리는 것이 아니라, 정보가 사람을 선택하기에 이르렀다. 언젠가부터 필자의 인스타그램에 디자인과 창업 관련 학원이며 유료 온라인 교육과정 피드가 뜨기 시작하더니, 급기야는 관련된 계정이 팔로잉 요청을 하기에 이르렀다. '나를 훔쳐보고 있는 것 아닌가?'라는 섬뜩한 느낌을 받을 정도이다. 스마트폰은 때때로 몰라도 되는 것들, 모르는 것이 나은 것들, 몰라야 하는 것들까지 지나치게 쉽고 불필요할 정도로 알려 준다. 그리고 사고와 의지에 긍정적이든 부정적이든 영향을 미친다. 어떤 일을 하려고 마음 먹은 대로 주변을 두리번거리지 않고 질주하기에 쉽지 않은 환경이 다. 얼마나 많은 방해 요소가 있는가? 카페를 창업하기 위해 인터넷 에 관련 내용을 검색하면 '카페를 창업하지 말아야 하는 이유', '미운 사람이 있으면 카페 창업을 권하라', '1억 5천만 원 들여 카페 창업 한 사장님, 3년 뒤…' 등의 기사가 상단에 뜬다. 볼펜을 만들어 팔려 고 마음먹었지만, 지역별·국가별로 얼마나 많은 종류의 볼펜이 있는 지, 시장을 이미 선점한 유명 브랜드가 어떤 거대한 프로모션을 하는 지 등을 확인하면 시작도 하기 전에 전의를 상실하기도 한다. 반대의 경우로 본래의 것 외 이것저것을 분별없이 시도하면서 우왕좌왕하기 도 한다. 하고자 하는 일이 과연 무엇인지 정의하고 그 일에 집중하 는 것은 외부에서 유입되는 정보와 기 싸움을 해야 하는 시기에 더욱 요구되는 능력이다.

본질本質이란 본디부터 가지고 있는 사물의 성질이나 모습, 사물 이 그 사물답도록 만드는 성질을 말한다. '정의하다'를 뜻하는 define 은 '완전히'를 뜻하는 라틴어 de와 '경계', '제한' 등을 의미하는 라틴 어 finire의 합성어인 definire에서 유래했다. 두 뜻을 연결하면 본질 정의란 본래 사물이나 현상의 성질이나 모습의 범위를 규정짓는 것 을 말한다.

DE
=COMPLETELY

FINIRE
=TO BOUND LIMIT

DEFINIRE
=DEFINE

그림 10
define(정의하다)의 어원

본질 정의가 갖는 의미는 해결하고자 하는 문제의 범위를 결정하는 관점에 대한 이슈라는 데에 있다.

사물이나 현상의 본질을 어디까지로 보느냐, 다시 말해 사물이나 현상의 본질을 어디까지로 축소시키고 확장시키느냐의 관점이 곧 하고자 하는 일(개인적 일, 사업, 과제 등)의 원형이 된다. 안경을 아이템으로 사업을 하겠다고 결심한 경우를 예로 들어 보자. 안경의 정의는 '시력이 나쁜 눈을 잘 보이게 하기 위하여 혹은 바람, 먼지, 강한 햇빛 따위를 막기 위하여 쓰는 물건'이다. 시력을 보완하거나 외부 환경으로부터 보호하는 기능을 가진 안경을 제공하는 것을 본질의 범위로 정할 수 있다. 동네에 있는 일반적인 안경 전문점들이 그렇다.

안경의 본질의 범위를 '눈을 통한 경험'으로 확장한 젠틀몬스터 GENTLE MONSTER라는 브랜드가 있다. 한국 토종 브랜드로 2011년에 론칭하여 2021년 기준 미국, 영국, 프랑스, 아랍에미리트(UAE), 싱가포르, 중국 등 전 세계 30개국 400여 개 매장으로 확대했으며 기업가치가 1조 원에 달하고 있다. 동네에 한두 개쯤은 있는 안경점이 어떻게까지 변화할 수 있는지를 보여 준다. 젠틀몬스터는 선글라스에 컬렉션 개념을 도입해서 시즌마다 새로운 제품을 발표하는데 매년 40~50여 종의 신제품을 내놓는다. 매장을 독특한 전시 공간으로 디자인하여 안경에 대한 사람들의 개념을 바꿔 놓고, 새로운 세계관을 경험하도록 한다. 젠틀몬스터는 안경의 본질을 시력을 보완하거나 외부 환경으로부터 보호하는 기능을 하는 사물이 아니라 인간이 눈을 통해 경험하는 모든 가치로 정의했다. 이러한 안경에 대한 새로운 본질 정의는 '젠틀몬스터가 제공하는 사용자의 경험'으로 물질화되었고, 이러한 차별화는 성공으로 이어졌다.

그림 11
젠틀몬스터 매장

그림 12
젠틀몬스터의
독특한 전시 공간

출처: 젠틀몬스터 공식 홈페이지

본질 정의가 필요한 이유는 감정과 이성이라는 에너지를 한 곳에 집중시키기 위함에 있다.

본질 정의는 앙트레프레너가 하는 사고의 깊이와 방향에 따라 달라진다. 마켓컬리의 김슬아 대표는 "하루하루 주어진 문제를 풀어간다. 내게 가장 중요한 문제는 정말 좋은 것을 고객들이 집에서 편하게 받도록 하는 것이었다"라고 말한다. 김슬아 대표가 정의한 본질 정의는 '정말 좋은 것을 선정하고, 고객들이 편하게 받는 것'이었고 거기에 모든 에너지를 쏟았다. 정말 좋은 것을 제공하기 위해 모든 에너지를 쏟아 최고급 식재료를 찾아 직접 산과 바다로 달려갔으며 고객의 목소리Voice Of Customer, VOC를 모두 직접 읽는 수고를 통해 만족스럽게 받을 수 있는 서비스를 제공했다. 3부에서 만나게 될 더치랩, 클립팬의 사례는 앙트레프레너들의 관점에 따라 카페와 펜의 본질을 어디까지 확장했는지에 대해 무엇보다 잘 보여 주고 있다.

찰스 핸디Charles Handy는 저서 《포트폴리오 인생》에서 '왜Why'를 반복적으로 묻는 소크라테스식 질문법을 소개한다. 이런 과정은 무척이나 소크라테스적인 발상이고 한편으로는 꽤나 귀찮은 일이지만 진지하게 진행되기만 한다면 하고 있는 일이나 하고자 하는 일에 대한 기본적인 가정과 궁극적인 목적을 알아내는 데에 매우 효과적이라고 한다. 1965년부터 1995년까지 포춘이 선정한 100대 기업에 오른 1,435개 기업에 대한 통계 자료를 분석한 《좋은 기업에서 위대한 기업으로》라는 책에서 저자 짐 콜린스Jim Collins는 '좋은 기업에 머물지 않고 위대한 기업이 되기 위해서 가지고 있었던 기업들의 전략은 소크라테스식 질문법이었다.'라는 결론을 내렸다.

수업시간에 학생들에게 팀을 구성하고 팀원 중 한 학생이 현재

겪고 있는 문제를 정의한 후 어떻게 해결할 것인가를 토론하고 발표하라는 미션을 주었다. 어떤 팀의 한 학생이 자신의 문제는 급격히 불어난 체중이라고 정의하고 해결책으로 밥 양을 줄일 수 있도록 칼로리가 인쇄되어 있는 밥그릇을 디자인하겠다고 발표했다. '왜 급격히 체중이 불어났는가?'에 대해 생각해 볼 시간을 주었다. 해당 학생은 "잘 모르겠다. 밥을 많이 먹는 것 같지는 않다"라고 답했다. 이를 듣고 학생들에게 '밥을 먹지 않음에도 불구하고 왜 살이 찌는가?'에 대한 고민을 해 보고 오라는 과제를 주었다. 다음 날 학생들은 '밥은 먹지 않지만 초코렛과 과자 같은 간식을 많이 먹기 때문'이라는 답을 가져왔다. 질문을 이어 나갔다. "왜 간식을 많이 먹나요?"라는 질문에 학생은 "밤에 밀린 과제를 할 때 받는 스트레스를 간식으로 풀기 때문"이라고 답을 했다. 또다시 "왜 밀린 과제를 밤에 해야 하나요?"라고 질문했고 "아침에 늦잠을 자서 오전 시간을 활용할 수 없기 때문"이라는 답변을 내놓았다. "왜 늦잠을 자나요?"라고 질문을 했을 때 "밤에 늦게 자기 때문"이라고 답했다. 그렇다면, 아침에 일찍 일어나서 낮에 과제를 하면 밤에 늦게 자지 않게 되고, 밤에 받을 스트레스도 없어진다는 결론에 이르렀다. 해당 팀은 실습 과제가 많은 학과 특성상 밤낮이 바뀐 생활 습관이 문제의 본질이고, 이 문제를 해결하기 위해서는 규칙적인 생활 습관이 필요하다고 결론을 내렸다. 이를 위한 해결책으로 타임 스케줄과 관리 서비스 앱을 제안했다. 이렇게 본질 정의라는 것은 해결하고자 하는 것의 궁극적 목적을 파악하는 일이다.

여섯 번째, 행동 지속: 앙트레프레너 마인드의 근력

배달의 민족 앱을 개발한 우아한형제들의 김봉진 대표는 인터뷰에서 "성공함에 있어서 꾸준하게 하는 것은 너무도 중요하다. 꾸준함을 이어나가는 것은 너무나 어렵지만 처음에 즐기면서 할 수 있는 일이라고 시작했어도 몇 달 못가서 그만 두고 또 다른 일을 찾아가는 경우가 있다. 그 사람은 아무것도 이룰 수 없다."라고 말했다. **행동 지속이 강조되는 이유는 행동으로 옮기지 않은 마인드는 무의미하고, 지속적 행동 없이는 성공에 다다를 수 없기 때문이다.**

밤새 친구들과 놀아본 적이 있는가? 공부 하면서 밤을 새우는 일은 잘 못해도, 밤새 놀아본 기억은 한 두번쯤 있을 것이다. 놀 때는 졸음이 오더라도 밤을 꼴딱 새우곤 한다. 그렇지만 공부를 하며 밤을 새울 때는 무거워지는 눈꺼풀과 싸우고 멍해지는 정신과의 전쟁을 치루면서 치열한 밤을 보내게 된다. 밤을 새운다는 행동에 얼만큼의 에너지를 쓰느냐의 차이이다. 재미있고 즐거운 일을 할 때는 에너지를 적게 쓰기 때문에 비교적 오랫동안 지속할 수가 있는 반면 싫은 일을 하게 되면 많은 에너지를 쓰게 되기 때문에 금방 지친다. 억지로 하게 되면서 생기는 부정적 감정을 참는 데 추가적인 에너지가 들기 때문이다. 두 번째 앙트레프레너 마인드인 '자신 자각'에서 언급한 것처럼 본인에게 어울리고 좋아하는 일을 할 때 경쟁력을 갖추게 된다는 말과 같은 맥락이다. 자신 자각에 기반한 행동이 그렇지 않은 행동에 비해서 지속력이 있다.

학생 시절 시험기간에 결연한 의지로 책상에 앉아 있노라면 평소에는 보지도 않던 소설책을 읽거나, 갑자기 시키지도 않은 일기를 쓰거나, 부엌에 가서 괜히 냉장고를 열어 보는 것과 같은 부산한 행동을 하던 경험을 해 본 적이 있을 것이다. 이러한 증상은 시험을 잘 봐야 한다는 압박감과 스트레스 상황에서 벗어나고자 하는 무의식적 행동들이다. 어떤 일을 함에 있어서 받는 부정적인 에너지가 플러스(+)가 되면 될수록 원래 상태(0)로 돌려 놓기 위해 반대인 마이너스(-) 에너지가 흐르는 것이다. 결론적으로 어떤 목적을 달성하기 위한 의지 에너지가 오히려 하고자 하는 행동을 방해하기도 한다. 세상 만물의 이치가 그렇다. 억지스럽지 않게 봄, 여름, 가을, 겨울이 지나가지 않는가? 자연의 일부인 사람이 하는 일 역시 부담 없이 노력을 쏟아부을 때 자연스럽게 진행된다. '마음을 비우고 모든 것을 내려놓으면 일이 더 잘 된다'라는 말이 그러한 이유에서 나온 것이다. 따라서 하던 일을 지속적으로 하기 힘든 상황이 오면 계속 밀어붙이기에 앞서 한 발자국 물러나서 마음을 비우고 운동을 하는 등 스트레스 에너지를 해소하여 부정적인 플러스에너지를 의도적으로 원래 상태로 돌려 놓아야 한다. 성공한 사람들이 공통적으로 갖고 있는 습관이 명상과 운동이라는 점을 기억하자.

앙트레프레너 50인의 인터뷰 내용을 종합해 본 결과, 앙트레프레너들은 대부분 긍정적이고 낙천적인 성향을 지녔다는 것을 알 수 있었다. 긍정은 실패와 좌절의 순간에 다시 힘을 내서 행동을 지속할 수 있도록 등을 떠밀어 준다. 살면서 "어떤 상황에서도 긍정적인 생각을 하라"는 말을 수도 없이 들었을 것이다. 그렇지만 부정적 상황에서 어떻게 긍정적인 생각을 할 수가 있는가? 어려운 일이다. 말처럼 쉬운 것이 아니다. 20세기 초 프랑스의 약학자 에밀 쿠에Emile Coué는 이러한 이야기를 했다.

의지와 상상력의 대결에서 늘 상상력이 이긴다. 의지와 상상력이 같은 방향으로 발휘되면 그 에너지는 두 배가 아니라 몇 배로 늘어난다. 상상력은 스스로 조종할 수 있는 영역이다.

행동을 계속할 수 없는 힘겨운 상황이 닥쳤을 때, 그 상황의 원인을 이성적으로 객관성을 가지고 파악하되 의지적으로 이겨나가야 한다는 감정의 상태에서는 벗어날 필요가 있다. 대신 이 상황이 해결되었을 때의 완벽한 긍정의 상황을 상상해 보면 도움이 된다. 첫 번째 앙트레프레너 마인드인 창의성에서 언급한 상상력을 다시 한번 떠올려 보자. '큰일났다. 포기하고 싶은데 어떻게 하지? 가능한 일일까? 해야만 한다. 하지만 힘들다'라고 생각하면서 의지력을 억지로 발휘하는 것보다 구체적으로 이미지의 형태를 그리며 상상력을 활용할 때 오히려 더 긍정적인 사고를 할 수 있게 되고 행동을 지속할 수 있는 용기가 생긴다.

'인간의 행동이 사회적 상황에 연관을 받는가'에 대해 연구하는 스탠퍼드 심리학과 짐바르도 교수Philip Zimbardo의 스탠퍼드 교도소 실험은 상황이 얼마나 사람을 지배할 수 있는지를 보여준 유명한 실험이다. 그는 "상황이 이기고 인간이 졌다. 이 말은 세상 사람들 모두가 듣기 싫어하는 메시지이다. 왜냐하면 우리 모두는 상황에 대항할 수 있는 능력이 있다고 믿기 때문이다. 하지만 당신은 어떤 상황에 처해 보지 않고서는 어떤 행동을 할지 모른다. 상황은 우리가 생각하는 것보다 훨씬 강한 힘을 갖고 있다"라고 말했다. 상황의 힘은 생각보다 강하지만, 그런 상황을 이용하여 상황을 지배할 수 있는 것 또한 인간이다. 가끔 난 내 의지가 매우 부족하다는 걸 인정한다. 그럼에도 지속적으로 어떤 일을 해야 할 때는 의지가 나를 움직이지 않고 상황이 나를 이끌어 갈 수 있도록 놓아 둔다. 이를테면 주위에 부정적인 사람들을 멀리하고, 긍정적이고 진취적인 사람들과 대화를 하고 식사를 한다거나 업무 공간을 바꿔 가면서 최대한 기분 좋은 곳에서 일하거나, 등산을 한다거나 하는 일이 그렇다. 한 가지 일을 꾸준히 하지 못하고 금방 지루함을 느끼기 때문에 하던 일을 지속하기 위해 일하는 장소를 바꾸면서 하기도 한다. 낯선 장소로 옮기면서 일 자체도 새롭게 접하는 일처럼 흥미를 느낄 수 있다. 의도적으로 이런 상황에 나를 놓아 두면, 뇌는 힘겨운 상황에 직면한 상태가 아니라, 이미 어려움이 해소되고 기분 좋은 완전한 상태라고 잠재의식적으로 착각을 하게 된다. 앞에서 우리가 사용하는 두뇌는 10%의 의식과 90%의 잠재의식으로 이루어져 있다고 한 내용과 일맥상통한다. 결국 어렵고 부정적인 상황에 처한 감정 에너지를 긍정적으로 바꾸면서, 부정적 에너지인 걱정을 긍정적으로 해소함으로써 행동을 지속할 수 있는 에너지로 제대로 사용할 수 있게 된다.

일곱 번째, 협업: 앙트레프레너 마인드의 기본기

50인의 앙트레프레너들이 두 번째로 많이 뽑은 가장 중요한 마인드는 협업이다. 가장 중요하면서도 가장 어려운 것으로 언급하기도 했다. 어디서든 사람과의 관계가 가장 힘든 것 아니겠는가? 의견이 맞지 않아 사사건건 투닥거리는 경우는 차라리 낫다. 서로 감정이 상해 한 공간에서 일절 말을 하지 않아 업무에 지장을 초래하는 경우도 있다. 동업자가 변심하는 경우도 있고, 파트너와 비로소 호흡이 맞을 즈음에 다른 회사로 이직하는 경우도 수두룩하다. 이런 위험을 최소화하기 위해 지인 추천을 독려하고 레퍼런스 체크를 하는 것은 일반적인 일이다. 오죽하면 입사 원서 작성에 MBTI를 요구한다거나, 면접 시 평가단에 관상가를 대동한다는 웃지 못할 이야기까지 있겠는가.

2022년 6월 제 16회 반 클라이번 국제 피아노 콩쿠르에서 피아니스트 임윤찬 군이 역대 최연소인 18살의 나이로 우승했다. 그가 베토벤의 피아노 협주곡 3번을 연주하는 동영상을 보면서 이것이 협업의 원형이라는 것을 새삼스럽게 알 수 있었다. 협주곡은 지휘자, 관현악단, 독주자의 협업으로 구성된다. 독주자의 연주가 관현악과 협업하는 형태라는 점에서 별도의 독주자 없이 연주자의 연주로만 구성되는 교향곡과 다르다. 따라서 협주곡의 경우 지휘자는 자신의 앞에 있는 80여 명의 관현악단과 자신의 뒤에 있는 독주자의 연주를 함께 지휘해야 하고, 독주자는 앞에 있는 지휘자의 지휘를 보면서 자신의 옆에 위치한 관현악과 함께 연주를 해야 하며, 관현악단은 앞에 있는 지휘자의 지휘를 따르며 지휘자의 뒤에 위치한 독주자와 협주해야 한다. 완벽한 한 곡을 연주하기 위해 전방위적으로 상황에 모든 집중력을 동원한다. 협주곡에서는 앞, 뒤, 옆의 모든 상황을 감지하여 어느 순간에 연주를 시작하고 멈춰야 하는지 파악한다. 프로젝트를 할 때도 마찬가지이다. 개인의 업무뿐만 아니라 동시다발적으로 일어나는 다른 사람들의 업무와 이슈를 고려해야 하고, 이와 동시에 팀 전체를 이끄는 리더의 방향성을 바라보며 따라가야 한다. 서로에게 피해를 주지 않기 위해 본인이 맡은 업무를 완벽하게 해야 함은 물론이다. 서로의 몫을 다 해낼 것이라는 완전한 믿음과 신뢰는 완성도 높은 결과물로 드러나게 되는 것 같다. 이러한 것이 협업을 갖추기 위한 앙트레프레너 마인드일 거라 생각한다. 시간이 허락한다면 연주

동영상을 보면서 협주곡에서 완벽하게 재현되는 협업을 확인해 볼 것을 추천한다.

협업을 잘하기 위한 마인드는 주어진 공통된 목표에 공감하고, 그 목표를 달성하기 위해 타인을 고려하며 본인의 역할에 최선을 다하는 마인드이다. 이러한 마인드를 갖춘다는 것이 완벽한 협업의 필요조건이라면 이러한 사람들이 그러한 사고를 발휘할 수 있는 환경을 만드는 것이 충분조건이다. 이것이 소위 말하는 조직 문화이다. 사람의 성격과 기질을 바꾼다는 것은 힘든 일이지만, 환경은 바꿀 수 있고, 사람은 주어진 환경에 적응하기 때문에 환경의 힘을 이용하자는 것이다.

회사 생활의 마지막 2년은 미국인 팀장과 함께 글로벌 사업을 기획하고 개발하던 팀에 있었다. 팀장은 미국 실리콘밸리 스타트업에 있다가 입사한 경우로, 실리콘밸리 스타트업의 조직 문화대로 팀을 이끌었다. 팀 구성원들은 이러한 방식에 만족도가 높았고, 이는 좋은 성과로도 이어졌다. 그때 팀이 운영되었던 방식은 아래와 같다.

첫째, 직위와 나이보다 역할 중심의 관계로 운영된다. 요즘 기업들은 직위로 부르지 않는 경우가 꽤 있지만, 2014년 당시 내가 속한 팀은 전 조직에서 유일하게 직함을 부르지 않는 팀이었다. 팀장, 파트장, 과장, 대리, 사원 할 것 없이 모두 이름을 불렀다. 영어로 대화를 해야 하는 특수한 상황이어서 가능했던 것도 있다. 영어는 존댓말이 별도로 없기 때문에 님을 붙일 필요도 없었고 나이와 직위에 따라 말을 놓아야 하는지 높여야 하는지에 대한 고민도 불필요했다. 직위와 나이에 무관하게 일한다는 것이 일을 얼마나 효과적인지를 배울 수 있었다. 나이와 직급이 없었기 때문에 불필요한 예절에 대한 신경을 끄고 업무에 집중할 수 있었기 때문이다. 전사 프로젝트가 진행되면 PM^Product Manager을 팀장이 아닌 팀원이 맡는 경우도 있는데, 그런 경우 팀장은 상사로서가 아닌 업무를 수행하는 팀의 일원이 된다. 평소에 직위나 나이로 관계를 맺지 않고 기능과 업무 중심의 관계를 토대로 한 믿음이 형성되어 있었기 때문에 자연스러운 일이었다. 변화에 따른 빠른 반응과 새로운 아이디어를 필요로 하는 IT 업계에서 이러한 형태의 유연한 조직 운영은 더욱 효율적이었다.

둘째, 적성과 전공에 맞는 업무를 맡는다. 팀원 구성은 각기 전문 분야가 다른 사람들로 구성되었다. 그렇기 때문에 불필요한 경쟁이나 신경전 없이 본인이 모르는 분야의 전문가인 다른 팀원의 의견을 믿고 받아들일 수 있는 분위기가 형성됐다. 글로벌 사업 개발팀에서 내가 맡은 일은 서비스 기획이었다. 팀장은 타 회사와의 커뮤니케이션이나 개발 중심의 업무 대신 서비스 기획 업무에 집중할 수 있도록 지원해 주었다. 디자인 전공자가 작성한 사용자 기반 기획안은 비즈니스 관점에서 사업을 개발에 활용되도록 MBA 출신의 커뮤니케이션 담당자의 점검을 거쳤다. 팀원 본인의 전문성을 인정하고 해당 분야와 관련된 역할을 주면 가장 막강한 결과물을 도출해 낸다.

셋째, 사소한 커뮤니케이션이 중요하다. 저녁 회식은 상반기에 한 번, 하반기 크리스마스 파티 한 번 정도 했던 것으로 기억한다. 대신 평소에 점심 식사를 같이하면서 필요한 대화를 했었다. 한두 번의 술자리 대신 매일 작고 사소한 대화를 통해 문제를 미연에 방지하고 이슈를 즉각 해결할 수 있었으며 불필요한 오해를 쌓아 둘 일도 없었다. 술자리와 같은 호탕한 네트워킹은 다음 날 술이 깨면서 희미해지고, 중차대한 결론에 이르는 정도의 의미 있는 결정은 일어나지 않는다는 사실을 꽤 뒤늦게 깨달았다.

마지막으로, 스스로의 책임감을 통해 동기부여를 한다. 당시 팀장님은 팀원이 퇴근 시간이 지나도 자리에 남아 있으면 "진행하는 업무에 무슨 문제가 있니?" "내가 업무 배분을 잘못한 거니?" "급한 일이 아니면 내일을 위해 퇴근하고 내일 다시 하는 게 좋지 않겠니?"라고 물었던 기억이 난다. 한 마디로 주어진 질서에서 벗어나지 않는다면 모든 걸 자유에 맡겼다. 그러나 결과에 대해선 정확하게 책임을 물었다. 사실 이런 방식이 무섭다. 스스로 업무 완수를 위해 채찍질하지 않으면 아무도 다그치지 않기 때문에 방만해지기 딱 좋다. 덕분에 업무에 책임을 지기 위해 스스로 열심히 할 수밖에 없었다. 중요한점은 '팀장이 시켜서 하는 일'이라는 인식이 아니라 '스스로 책임지기위한 결정에 따른 일'이라는 인식은 스스로에게 강한 창의성을 불러일으킨다. 이러한 점에서 팀 구성원들이 각자 잠재능력을 높일 수 있지 않았나 싶다.

지금까지 2000년대 이후 국내에서 성공한 스타트업 창업가 50인의 인터뷰를 분석하여 도출한 7가지의 새로운 앙트레프레너 마인드인 창의성, 자신 자각, 타인 공감, 트렌드 센싱, 본질 정의, 행동 지속성, 협업에 대해 알아보았다.

이러한 앙트레프레너의 7가지 마인드는 디자인 마인드와 일치한다. 성공하는 앙트레프레너의 7가지 마인드를 디자인 마인드라고하는 이유이다. 디자인 마인드는 디자인 씽킹을 통해 구현되며 성공하는 앙트레프레너의 7가지 마인드를 갖출 수 있는 길을 제시한다. 2부에서는 디자인 마인드와 디자인 씽킹을 다루겠다.

생각해 보기

1. 인생의 앙트레프레너로 살아간다는 것이 어떤 의미인지 고민해 보기

2. 디자인 마인드와 디자인 씽킹의 차이에 대해서 생각해 보기

3. 마인드의 주인공으로 살아가고 있는지, 아니면 누군가의 마인드에 의해 생성된 세상에서 수동적으로 살아가고 있는지 생각해 보기

4. 앙트레프레너 마인드와 디자인 씽킹은 서로 어떠한 관계가 있는지 4차 산업혁명 시대의 특성과 연계하여 생각해 보기

5. 새로운 앙트레프레너 마인드 7가지 중에서 나에게 가장 필요한 것은 무엇이고 그 이유가 무엇인지 생각해 보기

6. 창의성이 시각적 사고를 통해 발현되는 이유를 잠재의식의 특성과 연계하여 생각해 보기

7. 자신 자각이 중요한 이유가 무엇인지 생각해 보기

8. 50인의 앙트레프레너들이 가장 공통적으로 중요하다고 하는 타인 공감의 의미에 대해 생각해 보기

9. 책에서 제시한 젠틀몬스터 사례 외 주위에서 본질 정의를 새롭게 하여 성공한 사례가 무엇이 있는지 생각해 보기

10. 행동 지속을 위해 자신 자각이 선행되어야 하는 이유가 무엇인지에 대해 본인의 사례를 들어 생각해 보기

스타트업을 위한
디자인 마인드

4장 | 디자인 마인드가 구현된 디자인 씽킹

5장 | 디자인 씽킹을 통해 앙트레프레너
마인드 기르기

4장

디자인 마인드가
구현된
디자인 씽킹

디자인 마인드를 실현시키는 디자인 씽킹

디자인 마인드를 가장 단순하게 설명하자면, '디자이너가 가진 마인드'이다. 그렇다면 디자인이란 무엇인가? 디자인에 대해서 편견 아닌 편견이 존재한다. 디자인은 '외향적 아름다움'을 그리거나 만들어 내는 분야라는 것이다. 그림을 잘 그리거나, 옷을 잘 입거나 하는 사람들을 보면 '오~ 디자이너 같다'라는 표현을 하지 않는가. 이러한 정의가 디자인이 가지는 정의의 전부라면 디자인 마인드가 앙트레프레너 마인드와 같다는 점을 인정할 수 없을 것이며, 디자인 씽킹이라는 방법론을 통해서 앙트레프레너 마인드를 갖출 수 있다는 결론에 닿을 수도 없다. 디자인이라는 용어는 라틴어인 '데시그나레designare'에서 유래했다. 데시그나레는 의미하다, 계획하다, 윤곽을 잡다, 표현하다,

실행하다 등의 뜻을 내포하고 있다. 디자인 본래의 의미는 외형적 아름다움을 구현함에 앞서 계획한 대로 윤곽을 잡아 표현하여 실행하는 일련의 행위라는 데에 있다. 이런 작업을 전문적으로 하는 집단인 디자이너는 창의성, 자신 자각, 타인 공감, 트렌드 센싱, 본질 정의, 행동 지속, 협업이라는 마인드를 지니고 있다. 정리하자면, 디자인 마인드란 나 자신, 타인, 사물과 세대에 대한 디자이너의 관점과 태도로서 창의성, 자신 자각, 타인 공감, 트렌드 센싱, 본질 정의, 행동 지속, 협업이라는 7가지의 속성을 가진다. 과거 시대가 아닌 4차 산업혁명 시대의 앙트레프레너의 새로운 마인드를 디자인 마인드라고 하는 이유이기도 하다. 둘 사이의 일치성은 디자인 씽킹이라는 방법론에 숨겨진 의미와 의도를 통해서 발견되며 디자인 마인드는 디자인 씽킹이라는 방법론을 통해서 습득할 수 있다.

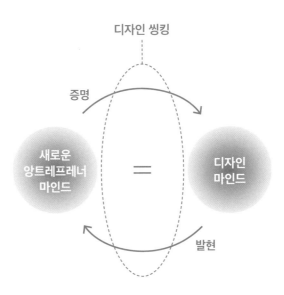

그림 13
앙트레프레너 마인드와
디자인 마인드

로이터가 선정한 세계혁신대학 순위에서 2015년부터 2019년까지 5년 연속 1위를 차지한 스탠퍼드 대학Stanford University, 신입생 전원을 대상으로 창업 프로그램을 운영하는 하버드 대학Harvard University, 세계 최초로 앙트레프레너십 학부 교육을 실시한 뱁슨 칼리지Babson College의 창업 교육, 앙트레프레너십 교육에서는 디자인 씽킹을 공부하고 있다. 이 책에서 말하는 디자인 씽킹이란 사람 중심으로 문제를 발견하고 해결하는 창의적 사고 방법론으로서 공감—정의—아이디어—프로토타입—테스트 단계를 가진 프로세스를 의미한다. 디자인 마인드는 디자인 씽킹을 통해 구현된다. 앙트레프레너십 교육에서 디자인 씽킹을 연습하는 이유는 앙트레프레너 마인드는 디자인 마인드와 일치하며 디자인 마인드라는 추상적인 개념이 디자인 씽킹을 통해 구체화되기 때문이다.

뱁슨 칼리지의 앙트레프레너십 교육과정

미국 동부에 위치한 뱁슨 칼리지는 앙트레프레너십을 학부전공으로 운영하기 시작한 최초의 대학으로서 뱁슨 칼리지의 앙트레프레너십 교육은 세계 최고의 수준이라는 명성을 갖고 있다. 4년 전 뱁슨 칼리지에서 교육자 대상으로 하는 앙트레프레너십 교육과정에 참여할 기회가 있었다.

매해 1월 교육자를 대상으로 SEESymposium for Entrepreneurship Educators라는 교육과정을 운영하는데 36년 전통을 자랑하는 이 프로그램은 2018년 기준 68개여 나라의 수많은 교육자들이 거쳐갔다. SEE 41기를 수료했던 당시에는 19개국 66명의 교육 관계자, 교수진이 참석했다. 등록날인 월요일과 마무리날인 금요일을 제외한 화

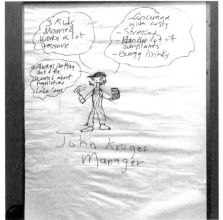

그림 14
뱁슨 칼리지의 페르소나 도출 과정

그림 15
뱁슨 칼리지에서 그린 사용자 여정 지도

요일, 수요일, 목요일은 쉴 틈 없이 강의, 토론, 실습 형태의 교육과정으로 구성되어 있는데, 12개의 수업 중 4개의 과정이 '아이디어 발굴을 위한 디자인 씽킹1.2 ~ 실험과 빠른 프로토타입(Design Thinking for Idea Generation1,2~ Experimentation & "Rapid" Prototype)' 과정으로 디자인 씽킹 수업이었다. 그 외 '실험적 학습: 경험 창조하기(Experimental Learning: Creating the Experiences)' 과정엔 디자인 씽킹이 선택과정으로 진행된다.

'아이디어 발굴을 위한 디자인 씽킹1.2 ~ 실험과 빠른 프로토타입' 과정은 말그대로 하나의 주제를 토대로 페르소나를 만들고, 사용자 입장에서 문제를 해결하는 과정으로 최종적으로 빠른 속도의 프로토타입을 만들고 프레젠테이션을 하는 과정이다. 실습에 들어가기 전 디자인 씽킹이 무엇인지에 대한 강의와 토론이 이뤄지고 사용자 입장이 되어 공감을 해야 한다는 것의 의미와 페르소나에 대한 이해

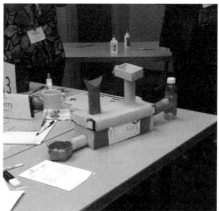

그림 16
뱁슨 칼리지 SEE 과정에서 만든 프로토타입

등에 대한 이론 수업이 선행된다. 일반 디자인 씽킹 워크숍이나 단기 수업에서 이뤄지는 과정과 겉보기에는 큰 차이가 없으나, 진행하는 퍼실리레이터의 에너지와 자유롭고 활발한 토론 등은 국내에서 참여했던 어느 교육보다 인상적이다.

　'실험적 학습: 경험 창조하기' 과정은 선택과정 중 하나로서, 디자인 씽킹에 대한 전문가나 이해도가 높은 사람들 중심의 그룹으로 좀더 심화된 과정의 디자인 씽킹 기반 토론 과정이다.

　스탠퍼드 대학교, 하버드 대학교, 매사추세츠 공과대학교(MIT) 등 전세계 산업계를 주도하고 있는 유수 대학의 앙트레프레너십 교육에서 디자인 씽킹을 공부한다는 것은 알고 있었다. 막상 앙트레프레너십을 가르치는 교육자 대상 프로그램에서 디자인 씽킹 교육을 한다고 하니 새삼스러웠다. 휴식 시간 흰 눈으로 뒤덮인 뱁슨 칼리지의 아름다운 캠퍼스를 보며 멍하니 있다 보니 '앙트레프레너십'에서의 '마인드'란 무엇이고 디자인 씽킹에서의 '마인드'는 무엇이며, 왜 앙트레프레너십 수업에서 디자인 씽킹을 가르치는 것일까? 라는 근본적인 질문을 던지게 되었다.

뱁슨 칼리지는 디자인 씽킹을 하는 자, 즉 디자인 씽커design thinker의 역할을 3개로 규정한다.

니즈 발견자needs finder(What's going on?), **창조자**creator(What is the experience of others?, What do users need? What's possible to meet the needs?), **앙트레프레너**entrepreneur(How can we get it done?, How can we test and learn early?)가 그것이다.

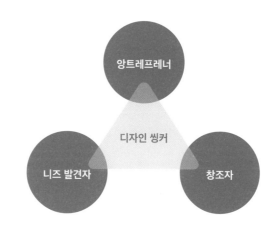

그림 17
디자인 씽커의 역할

뱁슨 칼리지가 앙트레프레너 교육에서 디자인 씽킹을 가르치는 이유를 여기에서 찾을 수 있다. 즉 디자인 마인드를 가진 자를 곧 앙트레프레너로 정의하고 있기 때문이다. 디자인 씽킹에 대해서도 많은 정의가 있는데 주요한 것은 대략 몇 가지로 정리된다.

비즈니스에서 발생하는 문제들에 적정성과 믿음, 예술과 과학, 분석과 직관, 탐구와 개발 사이에서 균형을 도모하고 균형을 통해 결과를 도출하기 위한 디자이너의 귀추법적 사고

—로저 마틴Roger Martin

사람 중심의 문제 해결 방법으로서 복잡한 문제 해결을 위해 디자인된 마인드셋

—팀 브라운Tim Brown

사람 중심의 공감을 통해 새롭게 문제점을 발견하고, 빠른 실패와 협업을 통해 창의적인 혁신을 촉진하는 마음가짐

—데이비드 켈리David Kelley

인간의 욕구를 찾아내고, 과거에는 주로 전문적인 상품 디자이너들이 주로 사용하던 도구와 사고방식을 이용하여 새로운 해결책을 창조하는 방법

—버나드 로스Bernard Roth

창의적인 문제 해결 방법

—스탠퍼드 대학 디스쿨D. School, Stanford Univ.

공통적인 몇 가지 키워드를 종합해 보면, **사람 중심으로 문제를 발견하고 해결하는 창의적 사고법**이라고 정의할 수 있다.

공학 속에서 탄생한 디자인 씽킹

태어나고 자라난 환경을 보면 그 사람의 정체성을 깊이 있게 이해하는 데 도움이 되듯이 디자인 씽킹의 역사를 알면 디자인 씽킹이 무엇인지 좀 더 명확히 알 수 있다.

디자인 씽킹은 1958년 스탠퍼드 대학으로 그 역사를 거슬러 올라간다. 기계공학과의 세부 전공으로서 디자인 디비전Design Division과정이 개설되었는데 이것이 디자인 씽킹이 탄생한 시작점이다. 잘 알려져 있듯이 스탠퍼드 대학은 IT 분야가 강한 대학 중 하나이다. 기계공학과의 한 과정으로서 디자인 수업을 도입한 발상은 놀랄 만하다. 게다가 예술과 공학과 심리학을 포함하여 여러 과목이 융합된 형태로 수업을 진행했다고 하니 60여 년 전부터 다학제적 학문을 시작했다는 점에 다시 한번 놀라게 된다.

이 과정에서 시각적 사고visual thinking 수업이 진행되었다. 이는 1부 2장에서 '창의성'을 설명하면서 함께 언급했었다. 한 번 더 언급하자면 언어적, 수치적 사고와 상반되는 개념인 시각적 사고는 추상적인 개념을 이미지, 부호 등 비언어적으로 가시화하여 창의적인 결과물을 이끌어 낸 사고법이다. 레오나르도 다빈치Leonardo da Vinci가 화가이면서 동시에 과학자, 발명가, 음악가, 해부학자, 지질학자, 천문학자, 요리사, 수학자, 의사였던 것을 아는가? 레오나르도 다빈치, 파블로 피카소Pablo Picasso, 조르주 브라크Georges Braque와 같은 예술가뿐 아니라 알베르트 아인슈타인Albert Einstein, 니콜라 테슬라Nikola Tesla, 리처드 파인만Richard Feynman과 같은 물리학자, 벤젠을 발견한 화학자 마이클 패러데이Michael Faraday, 프랑스의 수학자 자크 아다마르Jacques Hadamard 등 수많은 인물이 활용한 사고법으로 알려져 있다.

이미지로 사고한다는 것은 인간 두뇌의 90%에 해당하는 잠재의식이 정보를 다루는 방식이며 잠재의식의 직관, 영감, 통찰을 통해 창의력이 활성화된다. 시각적사고 수업은 당시 기계공학과 학생들에게 해당 전공에서 발생하는 여러 문제를 창의적으로 해결하기 위해 도입되었다는 점을 알 수 있다.

시각적 사고 수업시간에는 어떤 상황의 문제를 공감하기 위한 여러 가지 시각적 시도를 했다. 학생들이 직접 분자 내의 원자가 되어 화학 결합 상태의 모형을 표현하기도 했으며, 어떤 현상의 문제점을 찾기 위해 직접 해당 상황을 연출하여 연기를 하는 등 직접 문제 속으로 들어가 몰입하였다. 머릿속에서 생각하는 문제가 눈에 보이도록 가시화한 것이다. 어떤 문제의 해결책이 나오면 그 해결책을 검증하고 발전시키기 위해서 프로토타입을 만들어 테스트하고 수정하는 것을 반복했다.

이런 과정은 팀원들의 협업으로 진행되었다. 훗날 이 과정이 디자인 씽킹 방법론으로 발전하는데 '극단적 협업radical collaboration'이라고 표현할 만큼 협업의 중요성을 강조하였다. 이러한 협업 과정에서 각자의 머릿속에 있는 아이디어를 포스트잇을 통해 가시화함으로써 원활한 커뮤니케이션이 가능했다. 팀원들은 그 누구의 의견과 아이디어를 비판하지 않고 최대한 자유롭게 많은 생각을 발산했다. 이러한 방식은 디자인 씽킹의 일종의 철학으로 자리를 잡았다. 서로의 의견을 비판하거나 평가하지 않았기 때문에 평가에 대한 두려움에서 벗어나고 뇌가 자유로운 상태가 되면서 더 많은 아이디어를 마구잡이로 도출할 수 있었다. 도출된 아이디어 중 몇 가지로 수렴하여 프로토타입 제작 형태로 가시화하고 팀원들의 의견을 반영하여 다시 발전시키는 작업을 반복한다.

이를 발산diverge과 수렴converge의 디자인 씽킹이라고 부른다. 이 모든 과정은 머릿속에 있는 이미지를 시뮬레이션, 포스트잇, 프로토타입 등 시각적 방식으로 표현함으로써 이뤄졌다.

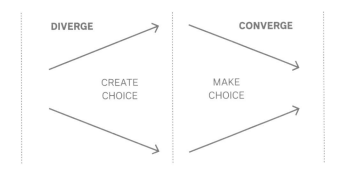

그림 18
발산과 수렴의
반복 사고

스탠퍼드 대학교의 교수인 데이비드 켈리David Kelley가 아이디오 IDEO라는 디자인 회사를 설립하고 디자인 디비 전 과정을 거친 우수한 인재들을 영입하면서 적극적으로 디자인 씽킹을 체계화시킨다. 그러던 중 미국 ABC 방송 〈나이트 라인〉을 통해 아이디오의 디자인 씽킹이 소개되면서 전 세계로 알려지게 된다. 이후 '실리콘밸리의 혁신적 회사에게 더 혁신적인 해결책을 제시하는 회사'라는 칭호를 받으며 급성장하는데 애플, 에이티엔티AT&T, 제너럴일레트릭GE, 쓰리엠 3M, 이케아IKEA, 나사NASA, 피엔지P&G와 같은 기업을 고객으로 두었다. 이후 2005년 독일의 소프트웨어 회사인 에스에이피SAP의 공동 창업자이자 CEO인 하소 플래트너Hasso Plattner가 데이비드 켈리 교수의 디자인 씽킹 방법에 감동을 받아, 2004년 스탠퍼드 대학교에 디스쿨D. School을 설립한다. 래리 라이퍼Larry Leifer 교수, 버나드 로스Bernard Roth 교수, 데이비드 켈리 아이디오 공동대표가 디스쿨의 교육과정을 설계하였다. 디스쿨은 디자인 씽킹을 매개로 하여 혁신을 요구하는 오늘에 이르기까지 인간중심의 창의적 문제 해결방법을 교육하고 있고, 수료를 해도 정식 학위가 수여되지 않는 과정임에도 경쟁률이 가장 높은 과정 중 하나로 알려져있다.

디자인 씽킹이 디스쿨과 아이디오 중심으로 발전한 데에는 실리콘밸리라는 지역적 특성이 중요한 의미를 갖는다. 주위에 유튜브, 오라클, 메타, 야후, 구글, 인텔, 애플, 이베이, 시스코 등 기업들이 포진해 있고, 이런 기업들과 시너지를 극대화할 수 있었기 때문이다. 아이디오는 실리콘밸리의 기업들과 적극적으로 협업해 왔고, 디자인 씽킹도 점차 기업이나 대학에서 활용되기 쉽도록 발전되어 왔다. 스탠퍼드 대학교 디스쿨은 기업과의 산학 협력뿐 아니라 초저가 신생아용 침낭 '임브레이스', 전기 없는 농촌에서 촛불 대신 쓸 수 있는 고효율 LED 전등 'd라이트', 뉴스 애그리게이션 앱인 '펄스' 등을 개발한 스타트업을 배출하며 세계적 창업의 발상지가 되고 있다.

5장

디자인 씽킹을
통해
앙트레프레너
마인드 기르기

1장의 디자인 씽킹은 새로운 앙트레프레너가 가진 7가지의 디자인 마인드라는 추상적인 개념을 물질세계로 구현함에 있어 큰 의미가 있다. 아마 디자인 씽킹이 없다면 디자인 마인드는 디자이너 고유의 것으로서 머릿속에 추상적으로 남아 있었을 것이다. 디자인 씽킹이 프로세스의 형태로 구체화되면서 누구든지 디자인 마인드를 가질 수 있게 되었다. 디자인 씽킹 프로세스는 다음과 같이 '공감empathize—정의define—아이디어ideate—프로토타입prototype—테스트test'로 구성되는데, 이 단계가 반드시 순차적으로 이루어지는 것은 아니다.

공감
EMPATHIZE

정의
DEFINE

아이디어
IDEATE

프로토타입
PROTOTYPE

테스트
TEST

그림 19
스탠퍼드 대학
디스쿨의
디자인 씽킹 5단계

스타트업
디자인 씽킹

디자인 씽킹 프로세스는 아래와 같은 뚜렷한 특성이 있다.

1. 공감 기반 사고: 사용자에 대한 **공감**을 기반으로 사고한다.
2. 시각화 사고: 이미지로 **시각화**하여 사고한다.
3. 협력 기반 사고: 다른 분야의 팀원들과 **협업**하여 사고한다.
4. 비순차적 사고: 디자인 씽킹 프로세스를 기반으로 하되 **비순차적**으로 사고한다.
5. 통합적 사고: 맥락 안에서 다양한 요소를 고려하여 **통합적**으로 사고한다.

특히 디자인 씽킹은 5단계의 프로세스로 발현되면서 각 단계가 수렴과 발산의 반복을 통해 완성된다.

몇 해 전 디자인 전공자가 아닌 앙트레프레너십을 공부하는 일반인 100여 명을 대상으로 3일간의 디자인 씽킹 5단계 프로세스를 진행한 뒤 어떤 변화가 있었는지에 대한 연구를 진행했었다. 작성된 답변을 분석해 보면 '창의적으로 생각하는 방법을 알게 되었다', '열린 마음이 생겼다', '비판적 사고를 하게 된 것 같다' 등 사고적 측면에서 이전에 비해 긍정적 변화가 있었다는 결론이 도출되었다. 그밖에도 '구체적인 프로세스가 있어서 막연함이 사라졌다', '단계별로 포스트잇이나 브레인스토밍 보드를 통해 중간 결과물이 지속적으로 보이므로 완성도를 높이고자 하는 의지가 생겼다', '공감 단계에서 관찰과 인터뷰라는 구체적인 방법을 알게 되어 새롭게 어떤 아이템을 발굴할 시도할 수 있는 용기가 생겼다', '팀으로 진행해서 지루하지 않고 끝까지 프로젝트를 완성할 수 있었다' 등의 의견들을 통해 유의

미한 발전이 있었다는 것을 확인할 수 있었다.

앙트레프레너의 7가지 디자인 마인드인 창의성, 타인 공감, 자신 자각, 트렌드 센싱, 본질 정의, 행동 지속, 협업은 디자인 씽킹 5단계의 프로세스에 내재되어 있다. 역으로 디자인 씽킹 5단계 프로세스를 통해 디자인 마인드를 구현할 수 있다. 7가지의 디자인 마인드가 5단계 중 각각 어느 단계에 해당하는지는 [그림 20]을 통해 확인할 수 있다. 두 줄의 원은 한 줄의 원에 해당하는 마인드보다 연결 정도가 강한 것을 나타내며, 일곱 번째 마인드인 협업은 디자인 씽킹 5단계 모든 영역과 연계되어 있다. 그렇다면 디자인 씽킹의 5단계가 어떠한 이유로 디자인 마인드와 일치되며, 각 단계를 통해서 디자인 마인드가 어떻게 구현될까?

디자인 씽킹 프로세스

| 공감 EMPATHIZE | 정의 DEFINE | 아이디어 IDEATE | 프로토타입 PROTOTYPE | 테스트 TEST |

앙트레프레너의 7가지 디자인 마인드

타인 공감 Empathizing	자신 자각 Self Discovering	창의성 Creating	창의성 Creating	타인 공감 Empathizing
트렌드 센싱 Trend Sensing	본질 정의 Defining	본질 정의 Defining	행동 지속 Continuing	행동 지속 Continuing
협업 Cooperating	협업 Cooperating	협업 Cooperating	협업 Cooperating	협업 Cooperating

그림 20
디자인 씽킹으로 구현되는
앙트레프레너의 7가지 디자인 마인드

1단계: 공감EMPATHIZE

디자인 씽킹의 공감 단계를 통해 앙트레프레너의 디자인 마인드인
타인 공감, 트렌드 센싱, 협업이 실현된다.

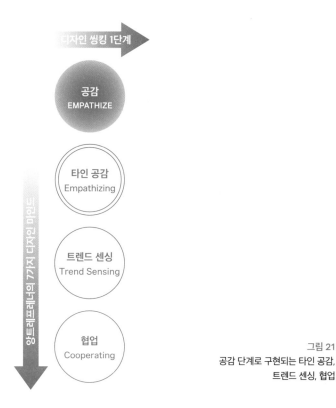

그림 21
공감 단계로 구현되는 타인 공감,
트렌드 센싱, 협업

　　공감은 디자인 씽킹 프로세스의 첫 단계이자 정체성이다. 디자인
씽킹이 4차 산업혁명 시대의 중요한 자질이며 앙트레프레너십에서
강조되고 있는 큰 이유 중 하나는 사람 중심으로 맥락context상의 문
제를 발견하고 해결하기 때문이다. 소비자가 공감하지 못한 서비스
나 제품은 호감을 얻을 수 없고 매출로 이어질 수 없다.

공감 단계는 관찰을 통해 사용자의 니즈나 인사이트insight를 얻는 디자인 리서치design research와 시대 공감대의 흐름을 센싱하여 미래에 대한 포사이트foresight를 얻는 트렌드 리서치trend research를 통해 이루어진다.

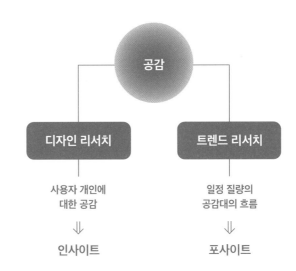

그림 22
디자인 리서치와
트렌드 리서치를 통해
이루어지는 공감 단계

타인 공감을 위한 디자인 리서치

새로운 앙트레프레너 마인드의 세 번째가 '타인 공감'이다. 공감 단계에서 디자인 리서치를 실행함으로써 '타인 공감'을 실현할 수 있다. 인류학의 한 분야인 민족지학民族誌學 즉, 에스노그래피 리서치 ethnograpy research를 디자인 영역으로 도입하였다. 연구자가 사용자의 환경에 직접 들어가서 그 환경에 놓여 있는 사람의 행동을 관찰하고 기록함으로써 인사이트를 발굴하는 것을 말한다.

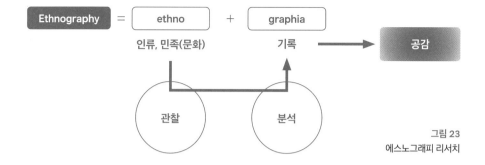

그림 23
에스노그래피 리서치

　여기서 언급한 환경은 '맥락'이라고 이해해도 좋다. 맥락의 영어 표기인 context는 '함께'를 의미하는 접두어 con과 '글'을 의미하는 text의 합성어인데, text는 '직물을 짜다'를 의미하는 라틴어 texere에서 파생된 말이다. 따라서 context는 상황과 상황, 사람과 사람, 글과 글 등이 함께 엮인다는 점을 강조하는 말이다. 직물을 짜기 위해서는 씨실과 날실을 함께 교차하여 엮어야 한다는 것을 떠올려 보면 쉽게 이해할 수 있다. 한자로는 脈(연달아 맥), 絡(이을 락)으로 표기되는데, 사전적으로 사건과 사물이 서로 잇닿아 있는 관계를 일컫는다. 결론적으로 사건과 사물의 관계 속에서 글자를 엮어 만든 글을 의미한다. 즉 같은 글이어도 어떤 맥락이냐에 따라 다르다는 것이다. 글자 그대로 적힌 내용만으로는 실제 일어난 사용자의 말과 행동을 정확히 공감할 수 없다. 텍스트 기반의 가설 검증, 경쟁 제품의 비교 및 수량화, 설문지를 통한 객관적 질문 분석, 마케팅 4P 분석 등 일반 비즈니스 리서치와의 차이는 맥락 속에서 드러나는 뉘앙스, 느낌, 미묘한 어감의 차이 등에서 드러나는 사용자의 인사이트는 발견해 내기 어려울 것이다.

디자인 리서치는 크게 사용자가 말하는 것을 관찰하는 **인터뷰 기법**과 행동하는 것을 관찰하는 **관찰 기법**이 있다. 인터뷰는 사용자의 언어를 관찰하는 것, 행동 관찰은 말 그대로 사용자의 비언어를 관찰하는 것으로서 이 두 가지 방법을 병행하는 이유는 사람은 말과 행동이 일치하지 않기 때문이다. 20~30대 직장 여성을 대상으로 라이프스타일 분석을 위해 거리 인터뷰를 진행한 적이 있었다. 손에는 에비앙 물병을 들고 명품 로고가 인쇄되어 있는 레깅스 차림의 여성이 대상이었다.

질문자: 평소에도 수입 물을 마시는가? 특별히 수입 브랜드인 에비앙 물을 마시는 이유가 있는가?

답변자: 그렇다. 에비앙 물이 몸에 더 좋을 것 같아서 운동하러 갈 때마다 챙겨간다.

질문자: 운동은 주로 어디에서 하는가?

답변자: 날씨가 좋은 날은 근처 공원에서 산책을 하지만, 퇴근 시간이 늦어서 보통은 집에서 한다.

질문자: 건강에 관심이 많은가? 건강을 위해서 무엇을 하는가?

답변자: 자기 관리를 잘하는 편이다. 영양 보조제를 챙겨 먹고 집과 헬스장에서 꾸준히 운동을 한다.

대략의 인터뷰의 내용을 압축한 내용이다. 답변에 의하면 사용자는 건강을 잘 챙기는 30대 젊은 여성이라는 점을 알 수 있었다. 며칠 후 피연구자의 집에 방문하여 집안을 관찰하였다. 강남의 한 고급 오피스텔이었다. 피연구자의 식탁 한구석에는 영양 보조제가 종류별로 올려져 있었고, 방 하나는 러닝머신과 짐볼 등으로 꾸려져 있었다.

언뜻 보면 피연구자는 인터뷰에서 말한 것처럼 건강을 잘 챙기는 사람의 집처럼 보였다. 그러나 자세히 하나씩 관찰해 보니 상황이 약간 달리 해석되었다. 영양 보조제의 유통기간은 2~3년이 지나 있었고, 러닝머신의 전원을 켜서 기록을 확인해 보니 몇 달 전 10분 채 하지 않은 운동 기록이 마지막 기록이었다. 종량제 쓰레기통에는 탄산 음료수 캔이 수북이 쌓여 있었다. 옷장 안에는 컬러별 레깅스가 잘 정리되어 있었고 냉장고에는 일반 생수와 고급 생수가 함께 보관되어 있었다.

이를 '피연구자 말의 맥락을 어떻게 볼 것인가?'와 '피연구자의 말과 행동의 불일치의 간극을 어떻게 해석할 것인가'라는 관점으로 분석했다. 연구의 결과는 '건강관리에 관심이 있으나 실제로 건강을 잘 챙기고 있는 편은 아닌 것으로 보임. 건강보다 건강한 모습을 추구하는 니즈가 있음'이었다.

이처럼 실제로 의도하지 않더라도 언어와 행동이 일치하지 않는 경우가 일치하는 경우보다 많다. 사람은 복합적이라 말과 행동이 다르기 때문이다. 인터뷰를 진행하면 사용자는 잘 생각나는 것, 잘 아는 것, 일반적인 것, 경험한 것, 중요하다고 생각하는 것들 중심으로 대답을 하게 된다. 반면 말로 설명하기 어려운 것, 습관적인 것, 우연한 것, 사소한 것, 기억나지 않는 것들은 대답을 하지 않거나 못하기 때문에 직접 사용자의 생활 속에 들어가서 하는 관찰 기법을 병행한다. 즉, 디자인 리서치를 할 때는 사용자가 언어로 표현하는 언어적 영역verbal과 언어로 표현하지 않는 비언어적 영역non-verbal 모두 조사해야 한다.

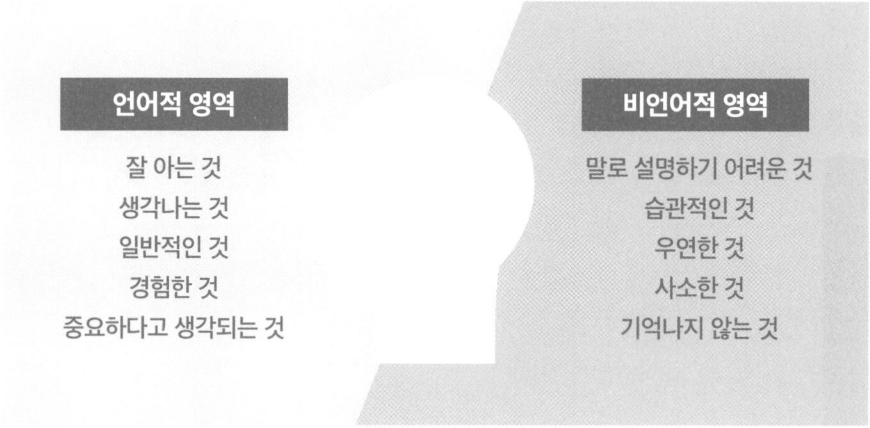

언어적 영역	비언어적 영역
잘 아는 것	말로 설명하기 어려운 것
생각나는 것	습관적인 것
일반적인 것	우연한 것
경험한 것	사소한 것
중요하다고 생각되는 것	기억나지 않는 것

그림 24
디자인 리서치를 할 때 조사해야 하는 두 영역

모든 디자인 리서치는 크게 '계획plan → 필드워크field work → 분석analysis' 세 단계를 거친다. 디자인 리서치에 관해 일반인도 쉽게 활용할 수 있는 예시를 최대한 간략하게 소개해 본다.

첫 번째, 계획 단계 ●○○

디자인 리서치는 디자인 수업 중에서 가장 기본이 되는 수업인데, 디자인 리서치에서 가장 중요한 것은 계획 단계이다. 이 계획을 잘 설계해야만 어떤 관점에서 리서치를 진행할 수 있는지를 알 수 있고, 어떤 결과물을 도출해 낼 것이다.

우선, 예산과 일정 등을 고려하여 인터뷰 기법, 관찰 기법 중 어떤 방법론이 가장 효과적인지를 신중히 선정한다. 그런 다음 최종 결과물이 어떻게 나올 것인지를 예상하여 계획한다. 여러 가설을 세워 볼 것을 추천한다. [그림 25]는 디자인 리서치를 계획할 때 활용하면

[양식] 디자인 리서치 계획

이름 ——

리서치 계획	연구자	
	연구 목적	
	연구 방법 및 기법	
	연구 일정	
	연구 장소 및 위치	
	연구 대상	
	팀 구성 및 역할 분담	
	연구(촬영/인터뷰) 가이드라인	
필드워크 계획	참여 방법 및 연구대상자 특성	1
		2
		3
		4
		5
		6
		7
		8
		9
		10
	인터뷰 내용	
	장비 세팅	
	예측 가능한 위험 및 대응 방법	

그림 25
디자인 리서치 계획 양식

스타트업
디자인 씽킹

[예시] 디자인 리서치 계획

리서치 계획	연구자	서OO(22세, 대학생, 여성), 이OO(19세, 대학생, 여성)		
	연구 목적	코로나 19로 인한 학생들의 사이버 강의로 인한 일상의 변화		
	연구 방법 및 기법	Photo Diary		
	연구 일정	6월 9일		
	연구 장소 및 위치	서OO의 본가(천안), 이OO의 본가(동작구 사당동)		
	연구 대상	서OO, 이OO		
	팀 구성 및 역할 분담	영상 촬영 및 인터뷰: 서OO, 이OO		
	연구(촬영/인터뷰) 가이드라인	서OO: 갤럭시 S10 5G 이용 이OO: 갤럭시 노트 10+ 이용	수업 30분 전부터 30분마다 수업 듣는 장면 촬영 만일 특수 상황 발생시 촬영	화요일 강의가 모두 끝나고 난 후 디스코드를 이용해 서로 인터뷰
필드워크 계획	참여 방법 및 연구대상자 특성	서OO: 시험 기간에는 평소 강의 시간 제외하고 최소 3시간 정도는 시험 공부를 함 이OO: 시험 기간에는 평소 강의 시간 제외하고 최소 1시간 30분 정도는 시험 공부를 함		
	인터뷰 내용	1	사이버 강의로 변한 상황이 만족도는?	
		2	1번 대답처럼 생각하는 이유는?	
		3	오늘 공부한 양을 만족하시나요?	
		4	사이버 강의가 학습에 도움이 된다고 생각하시나요?	
		5	사이버 강의 도중 멍때운 적이 있나요? 있으면 보통 어느 정도 멍때리실 생각이 있나요?	
		6	이 상황이 다음 학기까지 이어진다면 2학기를 수강하실 생각이 있나요?	
		7	6번 대답처럼 대답하신 이유가 무엇인가요?	
		8	일주일에 집 밖을 나가는 빈도는 어느 정도 인가요?	
		9	사이버 강의의 질을 올리려면 어떻게 해야 할까요?	
		10	담임 강의를 미룬 적이 있나요? 있다면 얼마나 미뤄봤나요?	
	장비 세팅	촬영은 각 학생의 핸드폰으로, 인터뷰는 디스코드라는 프로그램을 이용해 화상 통화 시작		
	예측 가능한 위험 및 대응 방법	촬영 도중 다른 사람 난입 시 중단 후 혼자 있을 때 촬영		

그림 26

디자인 리서치 계획 양식 작성 예시(코로나 시대의 대학생 라이프 스타일에 관한 디자인 리서치)

좋은 양식이다. [그림 26]은 코로나 시대의 대학생들의 라이프 스타일을 주제로 한 디자인 리서치 계획 예시이다. 이처럼 인터뷰 질문과 관찰할 내용 목록을 최대한 구체적으로 적을수록 좋다. 계획서 1~2장을 보면 어떻게 필드워크를 진행할지가 한눈에 들어와야 한다.

두 번째, 필드워크 단계 ○●○

필드워크 단계에서 여러 기법을 사용하여 사용자를 인터뷰하고 관찰한다. 인터뷰 기법은 인뎁스 인터뷰indepth-interview, 포커스 그룹 인터뷰Focus Group Interview, FGI 등이 있고 관찰 기법은 포토 다이어리photo-diary, 타운 워칭town watching, 쉐도잉shadowing 등의 기법들이 있다. 기법마다 장단점이 있으며, 각각의 쓰임이 다 다르다. 이 책에서는 인뎁스 인터뷰와 포토 다이어리 기법을 간단히 설명하고자 하는데, 다른 기법에 비해 비용과 일정 측면에서 쉽게 활용할 수 있기 때문이다.

• 비 언어적 행동 관찰—포토 다이어리

포토 다이어리는 사용자의 일과를 관찰하면서 일정한 시간 간격으로 사진을 찍어 남기는 방법이다. 사용자에게 카메라와 가이드라인을 전달하고 직접 촬영하게 하기도 하고, 관찰자가 사용자를 따라다니며 직접 촬영하기도 한다. 전자의 경우 어떻게 촬영하는지에 대한 가이드라인을 잘 작성하여 숙지하도록 하는 것이 중요하고, 후자의 경우는 사용자가 카메라를 인식하여 행동하는 호손 효과Hawthorne effect를 최소화할 수 있도록 자연스럽게 행동할 수 있도록 주의한다. 개인적인 공간은 직접 사용자에게 전달하여 가이드라인에 따라 스스로 사진을 찍고 관찰 일지를 작성하도록 함으로써 프라이버시를 존중하도록 한다. 찍은 사진을 시간별로 나열하고 행동에 대한 사실 위

[예시] 포토 다이어리

관찰 일시	2020년 06월 19일 (금) / 13:24 ~ 22:30
이동경로	메인하우스 > 카페 에이루트 > 메인하우스
전반적 특성	전반적으로 일회용품을 항상 사용함. 택배를 자주 시키고 분리수거를 하는 생활 습관이 잡혀 있음.

코로나19 시대의 대학생들의 라이프 스타일

시간	관찰 사진	행동	키 팩터
13:24		▶ 기상 후 물을 마심 • 냉장고에서 물을 꺼내 마심 • 옆에 따르지 않고 그대로 섭취함 • 먹던 물을 다시 냉장고에 넣음	▶따로 물통을 사용하지 않고 500ml 생수병을 냉장고에 보관함 (2~3개 보임) ▶1회 배송을 통해서 스티로폼 박스, 종이백, 테이프 등의 쓰레기가 발생함 ▶오후임에도 불구하고 물을 켜지 않음
13:41		▶ 마켓컬리 배송을 받음 • 가위의 날을 이용하여 테이프를 세로로 자른 후 손으로 뜯음 • 물통과 아이스팩을 꺼냄 • 종이로 된 얼음팩에서 물을 뺐냄 • 마지막에 남아 있는 얼음까지 빼내고 종이로 분리수거 함	▶칼 대신 가위를 사용하고 가위로 테이프를 찢는 것을 보아 보다 편하고 수월하게 택배를 뜯고자 함 ▶아이스팩을 따로 분리함으로써 환경을 생각하는 모습을 보임 ▶고무장갑을 걸쳐 둔다 설거지 할 때 고무장갑을 사용하는 것으로 보임. ▶설거지를 몰아서 하는 편임. ▶개인정보에 예민해서 배송 스티커를 따로 버림. ▶꼼꼼이를 만지지 않기 위해 가위를 이용하여 포장지를 뜯음. ▶책포이를 항상 깔끔히 물건을 쌓아 두지 않음. 부지런함. ▶사람장이 있는 침대를 사용함으로써 공간 활용을 잘할 것으로 보임.
13:45		▶ 택배를 뜯음 • 가위를 이용하여 포장지를 뜯어냄 • 배송 스티커를 떼어냄 • 플라스틱과 비닐류 따로 봉투에 나누어 분리수거를 함. • 비닐도 플라스틱과 함께 분리수거를 함.	▶비닐봉지 같이 물을 사용하여 분리수거를 하는 것으로 보아 분리수거를 하는 생활 습관이 잡혀 있음. ▶입구에 쓰레기 버리는 곳을 마련하여 바로 가지고 나갈 수 있는 환경을 조성함. ▶손목에 머리끈이 있는 것으로 보아 항상 머리를 묶을 자세가 되어 있음.

그림 27
포토 다이어리 작성 예시

주의 스크립트를 작성한다. [그림 27]은 코로나 시대의 대학생들의 라이프 스타일을 주제로 한 디자인 리서치에서 비언어적 행동 관찰 후 포토 다이어리를 작성한 예시이다. '키 팩터key factor'는 1차 인사이트로서, 해당 사진의 행동을 하는 사용자의 입장이 되어 '왜 사용자가 이런 행동을 하는가?' '사용자는 어떤 문제를 갖고 있는가?' '어떤 니즈가 있는가?' 등 다양한 관점에서 토론을 통해 도출한다.

• 언어를 통한 관찰—인뎁스 인터뷰

인터뷰는 가급적 사용자가 친숙해하고 편안한 장소에서 2명 이상이 팀이 되어 진행한다. 메인 인터뷰어(인터뷰 진행자이며 모더레이터moderator 또는 퍼실리테이터facilitator라고도 한다)는 인터뷰 질문을 모두 숙지하여 가급적 질문지를 보지 않고 자연스럽게 대화가 흘러갈 수 있도록 한다. 서브 인터뷰어는 녹취를 담당하면서 계획된 인터뷰 내용이 제대로 진행되고 있는지 모니터링을 한다. 질문 외의 답변을 하더라도 가급적 끊지 않고 듣는다. 뜻하지 않은 정보를 얻을 수 있기 때문이다. 인터뷰 스크립트를 작성할 때는 녹취를 들으면서 사용자의 어감이 그대로 드러나도록 있는 그대로 기록한다. [그림 28]은 인터뷰 스크립트를 작성하는 양식이다. [그림 29]는 코로나 시대의 대학생들의 라이프 스타일을 주제로 한 디자인 리서치를 위해 작성한 인터뷰 스크립트이다. 포토 다이어리와 마찬가지로 키 팩터는 1차 인사이트를 적는 부분이다. 스크립트의 내용에서 '왜 사용자가 이런 답변을 했는가?' '사용자는 어떤 문제를 갖고 있는가?' '어떤 니즈가 있는가?' 등 다양한 관점에서 연구자들과의 토론을 통해 도출한다.

[양식] 인터뷰 스크립트

일자 ——
이름 ——

인터뷰어:	모더레이터:	아시스트 모더레이터:
인터뷰이:		
날짜/시간:		

코로나19 시대의 대학생들의 라이프 스타일 인터뷰

질문	스크립트	키 팩터
1 코로나 전, 후의 고객 수의 변화	처음에는 크게 변화한다고 생각하지 않았는데 3월 경에 갑자기 20명에서 10명으로 줄더니 지금은 5명 밖에 남지 않았다. 원래 작년에 비해서 이 정도면…… 걱정이 되고…… 어떻게 이 위기를 헤쳐 나가야 할지… 녹취록을 들으면서 Interviewee의 말을 가감하지 않고 모두 그대로 적는다	20평 → 한 달 사이에 10평으로 감축 → 현재 5명: 걱정. 프로모션에 대한 니즈 필요
2		
3		
4		
5		
6		
7		
8		
9		
10		
11		
12		
13		
14		
15		

그림 28
인터뷰 스크립트 작성 양식

[예시] 인터뷰 스크립트

코로나19 시대의 대학생들의 라이프 스타일 인터뷰

인터뷰어	모더레이터: 한OO	아시스트 모더레이터: 윤OO
인터뷰이	24살 여자 대학생 / 이OO (순천향대학교 공연영상학과 재학)	
날짜/시간	2020년 6월 21일 일요일 22시 45분 - 23시 02분 (17분)	

질문	스크립트	키 팩터
1. 평소에 주로 어떤 상황에서 일회용품이 배출되었나요?	음... 저는 배달...시켜 먹는 것보다 집에서 정보는 모든 것을 거의 다 택배로 해서...(예술 물품을 제외한다) 네 막 택배송이나 이런거나 택배 이런 부분에서 일회용품이 많이 생기는 것 같아요.	▶택배를 자주 이용하는 것으로 보아 택배에서 나오는 쓰레기와 일회용품이 다량 배출됨.
1-1. 택배는 주로 음식을이나 시키시는 거에요? 어떤 건가요?	택배는 막 화장품이나 옷이나, 제가 커피를 만들어 먹어서... (얼음 저리분다) 커피 캡슐 이런 것도 다 (끄덕끄덕) 네 택배로 받는 것 같아요.	▶일상에 필요한 모든 물품으로 택배로 배달 받음.
1-2. 원래 코로나 이런 거 상관없이 그냥 그렇게 시서는 거 좋아하는 거에요? 인터넷으로 사는 거 선호하는 편이에요?	원래 선호하긴 했는데, 그래도 뭐 장이 나가면 올리브영 이런 데 갈 수 있으니깐...(끄덕끄덕) 음... 방문을 했던 거 같은데... 요즘은 다, 아예...아예 인터는 것 같아요.	▶코로나의 영향으로 외출이 반드시 낮아진 것으로 보아 택배량이 증가하였을 것으로 추정됨.
2. 물을 마실때 큰 용량이 아닌 500ml정도의 물을 시아는 것을 보았는데 특별한 이유가 있으신가요? 보통은 1.5L 나 크게 사서 먹는데, 그렇게 작은 걸로 박으면 사실 쓰레기는 더 많아지잖아요.	맛있어! 그래서 저도 큰 걸로 사야 되나 생각을 많이 했는데(끄덕끄덕) 일단 제가 물을 자체를 잘에 따라 먹는 걸을 따르는 모습 좋아서 한 번에 먹고, 친구들 와도 그냥 이거 1개가 하나 다 먹어버리는 모습 좋아서 먹게 마시는(아시는 혼자 사나까 병째로 마시는데(아시는 500ml로 계속 사서 먹는 것 같아요.	▶1인 가구라는 점에서 큰 패트병의 물을 따로 컵에 따라 먹는 것을 선호하지 않음. ▶지인이 와도 물을 건네주기 수월함. (청결, 교류 나 예상을 위한 이유 포함) ▶다른 사람을 배려하는 모습들 볼 수 있음.
2-1. 그러면 위 보통 음료수나 다른 음료들도 거의 작은 걸로 맞아서 먹는다고 작은 걸로 드시고...?	네, 음료수도 안 먹어서 탄산수는... 탄산수도 이제 500ml. 네...	▶탄산이 빠지는 것을 염두해 가장 작은 용량이 탄산수를 대량 구매한 것으로 보아 음료를 오래어 먹는 습관을 가지고 있을 것으로 추정됨.
3. 주로 음식은 조리해서 드시나요?	네 거의 조리해서 먹고. 아니면... 이제 나가서. 먹고.	▶집에서 음식을 해 먹는 만큼 쓰레기가 다량 배출 될 것으로 파악됨.
3-1. 비율이 얼마나 돼요? 조리해서 드시는 비율이...? 1주인 밤 먹는다 하면 몇 번 정도는 드시는지?	아... 한 7번은... 집에서 먹는 것 같아요. (끄덕끄덕)	
4. 배출해서 받으시는 모습이 보이는데, 얼마나 자주 시는 거에요?	그것도 제가 확인을 해 봤는데, 정보는 것 같은 건 1주에 1번 시키는 것 같고, (고민 후 다시 대답)택배는 거의 1주일에 1~2번.	▶택배 이용량 횟수로 쓰레기 및 일회용품의 배출량을 파악할 수 있을 것으로 예상됨.
4-1. 되게 많이 사시네요?(웃음)	막 심심하고, 스트레스 받고, 뭐 심심한데 자꾸 뭘 사요(언간 다급해짐) 뭔가 그 택배 든느 게 좋아서...	▶새로운 것을 좋아하는 소비자일 것으로 예상됨.
4-2. 정보가는 주기적으로 하시는 거에요?	아뇨 음식...위주로...(끄덕끄덕) 그러다 뭐 한두 개 필요한 거 있으면... 같이 끼어서 사고. (끄덕끄덕)	▶택배 든느 취미가 강함.

그림 29
인터뷰 스트립트 작성 예시

세 번째, 분석 단계 ○○●

분석 단계는 포토 다이어리와 인뎁스 인터뷰의 키 팩터에서 얻어낸 1차 인사이트를 종합적으로 분석하여 2차 인사이트를 도출하는 단계이다. 행동 관찰과 언어 관찰을 통해 도출된 키 팩터로 맥락상에서 사용자가 겪는 감정과 생각을 종합하여 '왜 이런 행동과 말을 하는지' '어떠한 니즈가 있는지'에 대한 토론을 자유롭게 진행한다. 포토 다이어리 키 팩터에서 도출되는 2차 인사이트와 인터뷰 키 팩터로부터 도출되는 2차 인사이트를 각기 다른 색의 포스트잇을 사용하여 벽에 붙인다. 다른 팀원들이 붙여 놓은 2차 인사이트를 보면서 아이디어를 얻거나 본인의 인사이트를 보강하도록 한다. 2차 인사이트의 내용을 종합하여 사용자의 특성이나 니즈 등 중요하다고 판단되는 내용을 간추려서 몇 가지 문장으로 도출한다. [그림 30]은 코로나 시대의 여행 문화 변화에 대한 디자인 리서치의 분석 결과를 정리한 예시이다.

분석한 키워드를 토대로 인터뷰이의 사용자 여정 지도user journey map를 작성한다. 서비스의 접점을 연결한다는 개념으로서 목표를 설정하고, 서비스 이해관계자와 사용자가 공감할 수 있도록 시간순, 순차적으로 시각화한다. 1차, 2차 인사이트를 도출하면서 사용자의 입장에서 경험하고 고민했던 내용을 종합적으로 정리함으로써 디자인 씽킹 2단계에서 문제 정의를 보다 더 명확하게 파악할 수 있도록 하고, 3단계인 아이디어 단계에서 사용자의 공감을 기반으로 한 아이디어를 도출할 수 있도록 한다. [그림 31]은 [그림 30]을 바탕으로 작성한 사용자 여정 지도이다.

[예시] 디자인 리서치 분석 단계

포토 다이어리

— 요즘은 코로나 때문에 호텔 내 시설 이용이 어려워져서 주로 방에서 오래 머무는데 방 안에서 즐길 거리가 생기면 좋겠어요.
— 집에서는 넷플릭스나 티빙을 자주 봐요.
— 게스트 하우스와 달리 호텔은 독립한 공간 분리가 되어서 나만의 공간에서 하고 싶은 거 하며 쉴 수 있어서 좋아요.

인터뷰

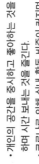
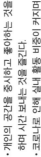
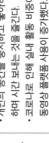

— 뷰도 중요요하죠. 예쁜 뷰 호텔 이용하면 창가 앞 침대에 누워서 컨셉샷 찍고 인스타그램에 올리죠.
— 호텔 내에 요즘 전시회 같은 느낌의 포토존이 있다면 찍어서 올릴 의향이 있어요. 솔직히 어디든 예쁘기만 하면 돼요.
— 인스타에 인생샷을 올릴 수 있는 곳을 선호해요. 예쁜 카페도 좋아하고 핫플레이스에 가는 걸 아주 좋아합니다! 사진이 예쁘게 나올 수 있는 곳!

— 호텔을 고를 때 주로 위치와 가격을 신경 써요. 주로 여행을 갈 때 호텔을 이용하니까 여러 관광지와 호텔이 가까우면 편리해요.
— 호텔 루레타케스가 이태원, 익선동 등 핫플레이스와 가까워 편리해요.

인사이트 정리

인사이트 도출

• 개인의 공간을 중시하고 좋아하는 것을 하며 시간 보내는 것을 즐긴다.
• 코로나로 인해 실내 활동 비중이 커지며 동영상 플랫폼 사용이 증가했다.

• SNS에 본인 사진 올리는 것을 선호하며 외적인 것을 중요시한다.

• 호텔과 관광지의 거리가 가까울수록 이용자의 호텔 위치적 만족도가 높아진다.

그림 30
디자인 리서치 분석 단계 예시

스타트업
디자인 씽킹

[예시] 사용자 여정 지도

STAGE	동기 지낼 곳 필요	인지 검색을 통해 호텔 예약	경험 호텔에서 투숙함	공유 SNS를 통해 공유
행동	방학 동안 서울에서 지내기로 결심	웹사이트를 통해 호텔 검색	호텔 장기 투숙을 함 / 호텔에서 새로운 사람들을 만남 / 호텔을 나만의 공간으로 꾸밈	호텔에서의 경험을 공유함 / 인스타 피드에 사진 업로드 / 블로그에 자세한 정보를 글로 업로드
감정&생각	—서울에서 지낼 곳이 필요해 / —돈도 많이 들겠지? / —혼자 잘 할 수 있을까?	—어디 호텔이 좋을까? / —합리적이고 가격이면 좋겠어 / —호텔에서도 새로운 경험을 하고 싶어!	#1 새로운 친구를 만날 수 있어 / #2 나만의 공간이 서울에 생겨 / #3 편하게 친구를 초대할래	—호텔에서 좋은 경험을 했어! / —만족스러운 호텔 생활이었어 / —내 경험을 공유할 수 있었어
인사이트	한달살기 라이프 제안 / 다른 지역에서 사는 것이 어렵지 않고, 새로운 도전이 시작이라는 긍정적 이미지 주자	호텔 홍보 / 호텔을 어떻게 알릴 것인지에 대한 계획이 필요	호텔에서 어떤 경험을 줄 것인가? / 이 호텔에서만 할 수 있는 경험이 필요요. 고객이 니즈를 파악하여 특별한 경험을 함할 수 있는 컨텐츠 제공	새로운 고객 유지 필요 / 지속적인 홍보, 유치를 해야할 필요가 있음
기회	호텔 장기 투숙에 대한 인지 / 장기 투숙의 긍정적 이미지 제공	지방대학교와 제휴 서비스 제휴 / 제휴를 통해 호텔을 노출시키며 합리적인 가격으로 이용할 수 있다 홍보 / SNS 노출 / 실제 사용자의 후기를 상위 노출시켜 소비자에게 호텔 인식을 높임	교류의 장 제공 / 투숙을 하고 있는 대학생들을 연결시켜 줄 수 있는 기회를 제공 / 나만의 공간 / 자유로움을 표현할 수 있도록 니즈에 맞게 방 배치를 구성 / 소통의 공간 / 인원 추가에 대한 낮은 제한으로 여럿이 모여 편안한 소통을 할 수 있는 장소 제공	SNS 후기 이벤트 / 고객이 후기를 남기면 소정의 상품을 증정, 실제 후기를 확산시키며 신규 고객 유입의 가능성 향상 / 이미지 메이킹 / 호텔 장기 투숙을 통해 자신의 서울로 맘을 실현시킬 수 있다는 인식을 심어 줌

그림 31
사용자 여정 지도 작성 예시

가로축은 사용자 경험의 첫 단계부터 마지막 단계까지를 시간의 흐름에 따라 큰 흐름으로 구성한다. 주제에 따라 경험의 단계를 달리 구성할 수 있다. 예를 들어 여행 문화 변화에 대한 사용자 여정 지도를 작성한다고 했을 때 호텔에 가기로 결심하고, 웹사이트를 통해 검색을 한 뒤, 호텔에서 투숙을 한 뒤 SNS에 공유한다는 사용자의 객관적인 일정을 단계별로 나눌 수 있다.

세로축은 분석 결과에 대한 단계를 가로축의 시간의 흐름에 따른 단계에 맞도록 재구성한다. 위의 예시를 다시 들면, 사용자는 각 단계마다 어떤 행동을하고, 어떤 생각을 했고, 어떤 감정을 느꼈으며, 그로부터 어떤 인사이트를 얻었고 어떠한 기회를 만들어 낼 수 있는지를 도출해 낼 수 있다.

트렌드 센싱을 위한 트렌드 리서치

새로운 앙트레프레너 마인드의 네 번째인 '트렌드 센싱'은 디자인 씽킹에서 공감의 영역에 속한다. 앙트레프레너들은 인터뷰를 통해 시대를 읽는 방법은 '지속적 관찰로부터 오는 정보 수집과 호기심'이라고 이야기했다. 앞으로 소개할 트렌드를 센싱하는 방법은 트렌드 센싱을 하는 관점을 연습하는 수단이라고 이해하면 될 것 같다. 이러한 연습을 통해 시대를 관찰하는 관점을 갖는 것이 핵심이다. 타인 공감이 한 사람 한 사람에 대한 공감이라면 트렌드 센싱은 사람들의 공감대가 일정한 질량이 되어 시대가 흐름에 따라 일정한 방향으로 흐르는 것을 감지하는 것을 말한다.

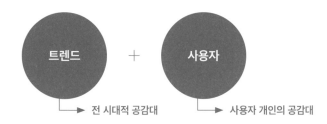

그림 32
트렌드 센싱이란

트렌드 + 사용자

전 시대적 공감대   사용자 개인의 공감대

공감이 현재 사용자의 상황과 니즈를 '파악'하는 힘이 있다면 트렌드가 가지는 힘은 '예측'에 있다. 타인 공감이 사용자 개인에 대한 공감으로서 '디자인 리서치'라는 방법론을 활용했다면 시대의 흐름을 예측하는 트렌드 센싱은 '트렌드 리서치'를 통해 가능하다. 트렌드 리서치는 '데이터 수집→분석·통합→트렌드 키워드 도출'의 단계를 거친다.

첫 번째, 데이터 수집 단계 ●○○

보통 데이터 수집 단계에서는 STEEP 분석(사회society, 기술technology, 경제economy, 생태ecology, 정책policy에 관하여 전반적인 트렌드를 파악하는 거시적 환경 분석 방법)을 기반으로 정보를 수집한다.

리서치의 목적에 따라서 유동적으로 교육education, 여가leisure, 건강health 등 다른 분야를 추가하거나 생략해도 괜찮다. 트렌드는 주기에 따라 유행(6개월~1년 내), 트렌드(향후 5~10년 지속), 메가트렌드(30년 지속)로 구분된다. 데이터 수집의 첫 단계는 최대한 많은 뉴스, 신문, 잡지, SNS 정보를 수집하여 분류하는 일이다. 예를 들어 포스트 코로나 시대를 겪고 있는 MZ세대의 여가 활동 트렌드를 파악하기 위해서 아래와 같은 형태로 정보를 수집할 수 있다. 분야별로 100건 정도의 정보로 최대한 많은 양의 데이터를 수집한다.

[양식] 트렌드 리서치 데이터 수집

Society	Technology	Economy	Ecology	Policy
주제				
이슈				
관련 데이터 & 사진				

그림 33
트렌드 리서치 데이터 수집 양식

스타트업
디자인 씽킹

두 번째, 분석·통합 단계 ○●○

분석과 통합 단계에서는 수집한 데이터를 바탕으로 발산과 수렴의 과정을 거쳐야 한다.

• 발산

분야별로 수집된 데이터를 벽에 붙이거나 책상에 나열한다. 연구자들이 각 데이터의 내용을 보고 인사이트를 포스트잇에 적어 붙인다. 인사이트는 어렵게 생각하지 않고 자유롭게 적는다. 이때 하나의 포스트잇에 하나의 인사이트를 적는다. 또한, 각 분야별로 포스트잇의 컬러를 달리하여 차이를 둔다.

그림 34
수집된 데이터를 책상에 나열한 모습

그림 35
수집된 데이터에 대한 인사이트 발산

• 수렴

분야별 데이터를 보고 인사이트를 적은 포스트잇만 떼서 공통된
내용을 중심으로 분류를 한다. 그런 다음 분야별 공통 키워드를 도출
해 분석하고 몇 가지 최종 키워드들을 도출하여 정리한다.

[그림 37]은 MZ세대의 여가 활동 트렌드 리서치 예시이다.
STEEP 분석을 기반으로 데이터를 수집한 후, 각 분야(사회, 기술, 경
제. 생태, 정책)에서 MZ세대 여가활동과 관련이 있는 공통된 키워드로
서 레저, 문화, 로컬, 여행, IT/SNS를 도출하였다. 재도출된 5개의
키워드를 상단에 놓고 관련된 내용의 핵심 내용을 요약 정리한다.

그림 36
유사 키워드 분류 작업

01

MZ세대의 트렌드

2020년, 코로나로 집안에서 할 수 있는 자기 계발, 온라인 쇼핑, OTT 서비스를 즐기는 이들이 늘어나며
구독 서비스가 익숙해지자 많은 업종이 **장기적인 고객 유치**를 위해 **구독 서비스를 도입**하기 시작했다.
힘든 코로나 속에서도 '힐링'을 위하여 여행을 다녔고 풀빌라, 호캉스, 캠핑 등 타인과 마주치지 않는 여행지를 선호했다.
누구보다 '**나**'를 중요시하며 자아 실현을 위한 챌린지를 진행하고 나를 위한 소비에는 아낌없으며
자신의 생활을 **온라인 속 나만의 공간**에 공유하며 타인과의 관계를 형성해 나갔다.

Leisure	Culture	Local	Tour	IT, SNS
코로나로 인해 집콕 관련 취미가 증가	2030 세대 집콕족 증가	문화 생활을 되살리기 위한 시도	코로나 19로 '스테이케이션' 확산	동영상 플랫폼의 발달로 숏폼 콘텐츠 유행
코로나로 인한 비대면 야외활동 유행	'나'만을 위한 소비 발달	환경을 생각하는 정책, 사업 증가	SNS에서 인기있는 여행지 선호	코로나로 인해 AR, VR 시장 성장
오프라인보다 온라인 여가 생활 증가	환경을 위한 활동 참여 확산	자아 정체성을 담은 상품 인기	코로나에 따라 안전한 여가 유행	디지털 세계의 '나'만의 공간
자기 계발을 하기 위한 서비스 증가	온라인 콘텐츠의 흥행	뉴트로의 유행	호텔 룸 안에서 특별한 경험을 위한 서비스	구독 서비스로의 변화와 인기
	자아 실현을 위한 라이프 스타일 발달			코로나로 온라인 쇼핑 증가

그림 37
MZ세대의 여가 활동 트렌드 리서치 예시

세 번째, 트렌드 키워드 도출 단계 ○○●

트렌드 리서치의 최종 단계는 정리된 4~5가지 분야를 관통하는
트렌드 키워드 도출이다. 예를 들면 위의 예시에서 레저, 문화, 지역,
여행, IT, SNS의 정리 내용의 공통적인 맥락을 잡는 것이다. 트렌드

키워드는 이슈를 토대로 연구자들의 창의력을 동원하여 토론을 통해 도출한다. 아래의 포맷처럼 4~5개의 트렌드 키워드를 도출하며, 등장 배경, 이슈를 토대로 한다. 형용사 키워드는 트렌드 키워드를 이해하고 이후 작업에 활용하기 위한 목적으로 한다.

[예시] 트렌드 키워드 도출

트렌드 키워드	등장배경	이슈	형용사 키워드
셀프 아웃사이더 (Self + Outsider)	• 인간관계에서 싫증을 느낌 • 눈치 보지 않는 자신의 시간을 갈망	• 혼자 시간을 보내는 것을 즐김 • 나를 중요하게 생각함	• 조용한 • 혼자만의 • 원하는 대로 • 나만의 • 눈치 볼 것 없이
에코비터 (Eco + Activity + -er)	• 기성세대가 남긴 환경오염으로 생긴 기후 위기를 몸소 체감 • MZ세대들이 환경보호를 위해 발 벗고 나서게 됨	• 환경에 대한 관심이 높아짐 • 오프라인뿐만 아니라 온라인을 통해서도 홍보 및 캠페인 실천 • MZ세대들의 취향에 맞게 다양한 환경 보호 실천 제품이 출시되는 등 환경 운동을 즐기면서 참여할 수 있게 됨	• 윤리적인 • 친환경적인 • 지속가능한
마인드슈머 (Mind + Consumer)	• 개인의 취향, 성향을 존중해 주는 분위기로 변함 • 자신의 마음이 가는 대로 소비를 함 • 이제는 가성비보단 가심비를 채울 수 있는 소비를 중요시하게 됨	• 자신의 가치에 적합하다면 과감하게 소비를 함 • 가격과 성능뿐만 아니라 서비스까지도 중요한 구매 조건으로 여김	• 가치 있는 • 현명한 • 만족스러운 • 윤리적인
ON택커 (On + Taker)	• 어려서부터 많은 디지털을 접하며 성장한 세대 • 디지털을 다루는데 능숙하고 친숙함	• 디지털, 온라인 사용에 능숙함 • 온라인 상에서 자신을 드러내는 것에 거리낌이 없음 • 이젠 콘텐츠 소비자를 넘어 제작자로서도 활발히 참여	• 능숙한 • 다재다능한 • 자기표현의 • 당당한 • (기술과 변화에) 영민한
EX-follower (Example + Follower)	• SNS의 발달로 유명 여행지 공유 및 전시 • 이에 여러 여행지 방문 및 새로운 공간 경험 욕구 상승 • 새로운 경험을 주는 공간을 원하기 시작	• 색다른 경험을 주는 장소를 원함 • SNS를 통해 체험형 장소 공유 인기	• 체험할 수 있는 • 전시할 수 있는 • 즐길 수 있는 • 색다른 • 이색적인

그림 38
MZ세대 라이프 스타일 트렌드 키워드 도출 예시

사용자 리서치나 트렌드 리서치 모두 관찰을 기반으로 한다. 대상의 입장이 되는 공감은 관찰을 어떻게 해야 할지에 대한 관점을 갖게 한다. 대상을 공감하는 것을 기반으로 하는 관찰을 하게 되면 상대에 대한 니즈가 무엇인지를 파악하고, 더 나아가 그 니즈를 어떻게 해결해 줄 것인가에 대한 아이디어에 대한 힌트를 얻는다. 이 상태를 몰입의 상태라고 한다. 예를 들어 최근 MZ세대의 놀이문화에 대한 주제를 갖고 있다면 MZ세대에 대한 공감을 해서 그 공감이 삶에 영향을 미치고 있다면 주위에 있는 사람 중 MZ세대에 해당하는 대상들만 눈에 들어오게 된다. 뉴스나 잡지, SNS, 책 등 MZ세대라는 단어만 보이면 관련 정보를 눈여겨보게 된다. 그런 정보들이 머릿속에서 일정한 분류 체계로 분류를 하고 특성을 분석하여 대략적인 공통분모를 뽑아내어 앞으로 어떤 놀이문화로 발전할 것인가에 대한 상상으로 연결된다.

이러한 작동은 사람의 뇌간에서 뻗어나온 망상활성계Reticular Activation System, RAS의 기능 때문이다. 망상활성계는 외부 세계에서 받아들이는 감각정보를 처리하는 역할을 한다. 뇌에 기존에 축적된 정보와 가장 긴밀히 연관된 정보들을 연결하여 의식적인 뇌에 신호를 보낸다. 평소에 관심 있는 정보와 새롭게 들어오는 정보는 망상활성계를 거쳐오면서 새로운 정보로 가공되는 것이다.

위에서 소개한 디자인 리서치 사례와 트렌드 리서치 사례는 각각 3개월~6개월 가량의 시간 동안 5~7명이 함께 진행한 중간 결과물과 최종 결과물이며, 자료를 통해 해당 과정을 최대한 압축해서 보여주고자 했다. 리서치 과정은 프로젝트의 기간과 주어진 리소스에 따라 유동적으로 운영된다.

유의해야 할 사항은, 위에서 소개한 방법이 공감하기의 유일한 방법이 아니라는 점이다. 그러나 이러한 훈련을 하다 보면 타인 공감과 트렌드 센싱을 하는 데 걸리는 시간과 필요한 형식이 줄어들 것이다. 어느 순간에는 포맷이나 형식에 구애되지 않은 채 '타인 공감'과 '트렌드 센싱'을 습관처럼 하게 된다는 것이다. 매사에 사용자의 말과 행동을 보는 눈이 발달하고, 인사이트를 발굴하며 니즈를 찾는 것에 익숙해지며 시대의 현상이 어떻게 흐르고 변화하고 있는지에 대한 감각이 생긴다. 어느 순간 자연스럽게 타인을 공감하고 트렌드를 센싱하게 되는 자신을 발견하게 될 것이다.

2단계: 정의DEFINE

그림 39
정의 단계로 구현되는
자신 자각, 본질 정의, 협업

디자인 씽킹 정의 단계를 통해 앙트레프레너의 디자인 마인드인 자신 자각, 본질 정의, 협업이 실현된다.

본질 정의는 디자인 씽킹 2단계인 정의 단계에서 구현된다. 나 자신에 대한 진정성 있는 자각이 본질 정의를 가능하게 한다. 본질 정의란 사물과 현상을 파악하고 그 범위를 지정하는 능력으로써, 그 대상이 나 자신이라는 점에서만 차이가 있을 뿐이다. 타인에 대한 공감은 나 자신에 대한 공감을 전제로 하고 있으며, 그 공감은 조금 더 명확한 형태인 정의 단계로 연결된다. 공감으로부터 가져온 사용자의 이슈를 구체화하는 단계가 정의이며, 이 이슈를 해결하는 단계가 아이디어 단계이다. 무엇이 문제인지를 제대로 정의하면, 그 안에 이미 답이 있기 때문에 아이디어는 정의의 연장선 위에 있다고 볼 수 있다. 디자인 씽킹 수업을 다년간 진행해 오면서 확신하는 점은 창의적인 아이디어는 정확한 정의 뒤에 빠른 속도로 따라온다는 점이다. 고등학교 윤리 시간에 배웠던 어느 철학가의 이론이 그런 의미를 내포하는 것 같다. 살아가는 데 도움이 되지 않는 어려운 내용이라고만 생각했던 스스로를 반성하며 플라톤Platon 이데아론의 문장을 소개한다.

우리가 인지하는 세상의 이면에는 모든 사물의 원형이 있다.
이것이 이데아idea다.
—플라톤

아이디어의 영어 표기 idea는 '보다'를 뜻하는 고대 그리스어 idein에서 유래한 단어이다. '형상'이라는 의미의 eidos, ecdos와도 어원상 유사하다. 어떤 문제에 대한 아이디어를 내는 것은 세상에 없던 것을 만들어 낸다는 것이 아니라 문제의 원형을 찾는 것(혹은 보는 것)

이 곧 아이디어라는 뜻이다. 이런 의미에서 본질 정의가 곧 아이디어라는 결론에 이른다.

앞선 3장에서 새로운 앙트레프레너 마인드인 '본질 정의'를 설명하면서 컬리Kurly 김슬아 대표의 사례를 언급했었다. 김슬아 대표는 '고객에게 최고 품질의 음식을 제공하는 것'이 자신이 운영할 기업의 본질이라고 정의 내렸고 동시에 가장 이상적인 아이디어를 머리에 그렸을 것이다. 사람들이 새벽에 일어나서 당일 배송된 식재료를 받아서 가족과 함께 신선하고 맛있는 요리를 해서 먹으며 행복해하는 이상적인 모습이 아이디어 아니었을까? 이미 정의와 함께 아이디어가 완성됐다. 이 그림을 완성시키기 위해 새벽 배송 시스템을 구축하였고, 발로 뛰어 믿을 수 있는 질 좋은 식자재 거래처를 확보하였으며, 고객의 소리를 하나하나 직접 읽으며 서비스를 향상했다.

정의가 구체적이고 명확할수록 아이디어가 떠오르는 어느 접점과 닿는다. IDEO의 디자이너였으며 세계적 디자이너 하라 켄야Kenya Hara와 함께 무인양품MUJI 디자인 정체성을 확립한 일본의 디자이너 후카사와 나오토Naoto Fukasawa의 디자인 마인드는 사물을 어떻게 정의하느냐를 잘 보여준다. 그는 '겸손함'이 만물 이치의 문제를 제대로 파악하고 개선함에 있어 출발점이라고 한다. 또한, 그는 관찰을 통해 물건의 본질을 확인하고 사람들의 불편함을 개선해 주는 작업이 디자인이라고 말한다. 다시 말해, 그는 디자인을 할 때 '만든다'보다 '찾아내고 확인한다'에 더 큰 의미를 두고 있다. 그의 디자인 작품을 보면 물건 본연의 용도를 정확히 정의하여 가장 이상적인 모형으로 구현되고 있다는 것을 알 수 있다.

그림 40
무인양품 CD 플레이어

본질 정의는 본질을 찾는다는 것과 그 범위를 정한다는 두 가지 의미를 내포한다. 1부에서 설명한 바와 같이 "왜?"라는 질문을 반복하는 것은 본질 정의에 있어서 가장 좋은 접근법이다. 체중이 불어서 고민인 디자인학과 대학생의 문제를 정의했던 사례를 기억할 것이다. 이 문제를 해결하기 위해 "왜 체중이 불었는가?"를 비롯한 여러 질문을 던졌고, 체중 증가의 원인이 '과식'이 아닌 '밤늦게 과제를 하는 생활 습관'이라는 것을 알아냈다. 즉, "왜?"라는 질문을 통해 사용자가 해결하고자 하는 문제의 본질을 정의하였다. 이는 '스케줄링 앱'이라는 아이디어로 이어졌다.

"왜?"라는 질문을 통해 본질 정의가 된 후 '의도하기'와 '확언하기'를 하면 보다 수월하게 아이디어 단계로 넘어갈 수 있다.

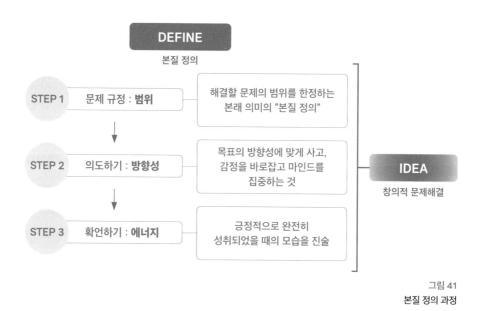

그림 41
본질 정의 과정

먼저, 의도하기는 문제를 해결한다는 방향으로 사고와 감정을 집중하는 것이다. 이 말을 들으면 '어느 누가 문제를 해결하지 않는다는 방향으로 사고와 감정을 집중하겠는가?'라는 생각이 들 수 있다. 문제를 해결하지 않겠다는 마음을 먹지는 않겠지만, 의도하지 않으면 문제를 해결하겠다는 방향성을 잃은 채 '지금 뭘 하고 있지?'의 상황에 이른다. 마치 노래를 부를 때 음을 잡는 것과 유사하다.

필자는 고등학교 합창 시간에 오선지의 음표의 높낮이에 따라 노래를 부른다고 부르는데 지휘자에게 음이 떨어진다는 지적을 많이 받았었다. 보통은 앞에 있는 음을 기억하고 그 음을 기준으로 다음 음을 잡는데 노래에 취해 부르다 보면 미묘하게 음이 떨어져 있다. 심지어 피아노나 기타의 반주가 있어도 그렇다. 지휘자가 중간에 음이 떨어진다는 것을 알려 주면서 음을 높이도록 방향을 잡아 주지 않으면 처음 시작했을 때와 비교해 노래 마지막에는 반음 이상 떨어지기도 한다. 그때 지휘자가 주는 해결책은 하나다. 의도적으로 음을 떨어트리지 않겠다고 마음을 먹는 것이다. 신기하게도 '의도적으로 음을 떨어트리지 않아야지'라고 생각하면서 노래를 부르면 음이 전반적으로 올라간다. 이 원리가 디자인 씽킹에도 적용된다. 본질을 잃지 않고 다른 아이디어가 아닌 그 본질을 해결할 아이디어를 도출하겠다고 의도를 해야 한다.

그 다음으로, 문제가 해결되었을 때 실현할 수 있는 가장 이상적인 모습을 한두 문장으로 구성하여 확언하는 단계를 거쳐야 한다. 코로나19 시대의 산책에 대한 이슈를 예로 들어 보자.

'사용자가 산책할 때 마스크를 쓰지 않은 사람과 마주치게 될 경우 위생에 대한 걱정이 되고, 사람이 너무 많은 산책로는 여러 가지로 신경이 쓰이며, 앉거나 걷거나 잠시 휴식을 취하고자 할 때 자유롭지 못했다'가 문제라면, 이 문제를 아래와 같이 확언의 형태로 기술하는 것이다.

> 사용자가 산책할 때 마스크를 쓰지 않은 사람들과 마주치더라도 안전하고, 사람이 많더라도 마음이 가볍고 편하며, 앉거나 걷거나 쉬는 등 휴식을 자유롭게 하는 상황이 된다.

이처럼 부정어를 긍정의 형태로, 과거 시제를 현재 시제로 변환시키는 것이다. 별 것 아닌 것 같은 이러한 방법에는 큰 차이가 있다. 반복해서 말하지만 잠재의식을 활용하기 위함에 있다. 긍정적인 언어와 현재 시제를 사용하는 이유는 잠재의식이 부정어를 처리하지 않고 시제를 인식하지 않는 속성을 가지고 있기 때문이다. 아이디어 단계에서 해결된 상황을 상상할 수 있도록 문제를 정의한 후, 확언의 형태로 한 번 더 정리하는 것을 추천한다. 스키 선수들이 산꼭대기에서 스키를 타고 내려오면서 '깃발에 부딪히지 말아야지'라고 주문을 걸면 오히려 깃발만 보이고, 결국 깃발에 부딪힌다. '깃발에 부딪히지 말 것'이 아니라 '길만 보고 빠른 속도로 내려갈 것'이 성공적인 확언이다. 이 확언은 마인드로 연결되고 깃발이 아닌 '길'에 집중할 수 있는 시야로 확대되어 자연스럽게 깃발을 피할 수 있게 될 것이다.

3단계: 아이디어 IDEATE

디자인 씽킹 아이디어 단계를 통해 앙트레프레너의 디자인 마인드인 창의성, 본질 정의, 협업이 구현된다.

디자인 씽킹 3단계

아이디어
IDEATE

창의성
Creating

본질 정의
Defining

협업
Coorperating

앙트레프레너의 7가지 디자인 마인드

그림 42
아이디어 단계로 구현되는
창의성, 본질 정의, 협업

아이디어와 가장 밀접한 창의성

새로운 앙트레프레너 마인드의 첫 번째 요소인 창의성은 디자인
씽킹에서 아이디어와 가장 밀접하다. 직관, 영감, 통찰, 창의력의 근원
은 의식과 잠재의식이 활짝 열린 상태였을 때 작동하고, 오히려 '너무
나 중요해서 이 문제를 반드시 해결해야 돼'라는 압박감을 가지고 진
행을 하게 되면 오히려 창의성을 극대화할 수 없게 된다. 시험을 잘
봐야 하는 압박감 때문에 오히려 공부를 못하게 된 얘기를 앞에서 했
었다. 따라서 부담감을 내려놓아야 한다. 조금 더 낙관적이고 조금

더 즐거운 상황에 있도록 노력하고 조금 더 긍정적이도록 노력하자. '내가 이 아이디어를 냈을 때 망신을 당하는 게 아닐까, 실패하지 않을까' 등등의 두려움을 내려놓고 우선 내가 어떤 생각을 하는 것인가에 대한 내 생각의 주체로서의 나를 찾는 과정을 통해서 조금 더 자유롭게 상상하는 것이 중요하다.

뇌과학자 카이스트의 정재승 교수는 산책을 할 때, 누워서 이런저런 생각을 할 때, 자전거를 탈 때, 재미있는 이야기를 들을 때 등 이른바 '멍 때리는' 상황에 창의적인 활동을 하는 뇌의 부분인 '상위측두이랑anterior superior temporal gyrus'이 활성화된다고 했다. 한 가지 생각에 집중할 때 창의적인 생각이 나오는 것이 아니라 비목적적인 사고, 즉 멍 때리는 상황에서 창의적인 활동을 하는 뇌의 부분이 활성화된다고 한다는 것이다. 아이디오IDEO의 창업자인 데이비드 켈리는 샤워 중 떠오르는 생각을 적기 위해 종종 샤워실에 화이트 보드용 펜을 들고 간다고 한다. 스탠퍼드 대학 밥 맥킴 교수는 이를 '느슨한 주의'라고 한다. 느슨한 주의는 명상, 즉 완전히 마음을 비운 상태와 어려운 수학 문제를 풀 때 고도로 집중된 상태의 중간 지점 정도라고 한다. 앞서 행동 지속의 방법으로서 성공한 사람들의 공통적인 습관이 운동과 명상을 언급한 점과 일맥상통하는 이야기이다. 정의 단계에서 확인된 상황에 대한 아이디어를 내기 위해서 다음과 같은 상태가 될 것을 강조한다.

- 부담감을 내려놓을 것: 사소한 일, 과정에 연연하지 말 것
- 미래에서 현재를 상상할 것: 이미지로 이미 완성된 완전한 상황을 떠올릴 것(시각적 형상화)

- 긍정적인 마음을 가질 것: 된다는 생각을 하면 뇌는 '될 수 있도록 하는' 정보를 찾아 흡수함

지금 상황(혹은 사용자)의 문제가 과연 무엇이고, 그 문제가 해결된 후의 상황(혹은 사용자)은 어떤 모습일지를 상상하고 그려 보도록 한다. 상상하고 이미지로 그려보는 작업은 의식적 사고와 함께 우리 두뇌의 90%에 이르는 잠재의식을 활용하기 위한 것이다. 사용자를 관찰하고 트렌드 센싱을 할 때 망상활성계의 활성화가 가져오는 효과적인 정보 처리를 소개했었다. 아이디어 단계에서도 마찬가지이다. 보고 듣고 감각하는 모든 정보가 우리가 상상하고 그린 이상적인 그림을 완성하기 위해 거기에 해당하는 정보를 흡수하고 재분류하며 서로 연결해서 창의적인 해결점을 만들어 낸다. 이 원리를 가장 잘 보여 주는 효과를 유레카 모먼트Eureka Moment라고 한다. 그리스의 철학자이자 수학자이면서 물리학자인 아르키메데스Archimedes는 시라큐스 왕으로부터 금관이 오로지 금으로만 제작된 것인지 아니면 은이 섞여 있는지를 알아내라는 명령을 받아 고민하다가 우연히 목욕을 하던 중 목욕탕에서 물이 넘치는 현상을 보고 아이디어를 얻어 유레카를 외쳤다. 뇌가 지속적으로 문제의 본질에 집중하다가 우연히 멍한 상태에 있을 때 보게 된 목욕탕에 물이 넘치는 이미지는 잠재의식을 통해 아이디어로 연결된 것이다.

창의적 아이디어를 내기 위한 또 다른 중요한 태도는 두려움을 없애는 것이다. 디자인 씽킹의 권위자인 데이비드 켈리와 톰 켈리는 그들의 저서인 《아이디오는 어떻게 디자인하는가》에서 창의성의 반대말은 두려움이라는 인사이트를 전달한다. 창의력을 발휘하기 위

해서는 나 자신, 남들의 평가, 결과에 대한 우려, 실패에 대한 두려움 등에서 벗어나야 한다. 우리는 어려서부터 "한번 해 봐"라는 말보다 "하면 안 돼" "하면 위험해" "조심해"라는 말을 더 많이 듣고 살았다. 많은 시도를 부정당하고 엉뚱한 행동을 거부 당했다. 부모님들과 선생님들의 이러한 걱정과 우려 덕분에 큰 탈 없이 성장했지만 세상을 위험하고 두려운 곳이라는 잠재의식이 자리잡았을 수도 있다. 아이디어 단계에서는 최대한 즐겁고 자유롭게 새로운 생각을 용납하고 발전시키는 단계이다. 아이디어 단계에서는 몇 가지 연습을 통해 창의성을 발휘하여 아이디어를 도출할 수 있는 방안으로 제시한다.

발산과 수렴의 반복 사고

'발산과 수렴의 반복 사고'는 공감 단계에서 인사이트 발굴을 할 때와 정의 단계에서 "왜?"를 반복하여 문제를 정의할 때도 언급했다. 이는 아이디어 단계에서도 필요하며, 이 단계에서 특히 더 중요한 역할을 한다. 발산과 수렴의 사고를 반복하는 방법은 다음과 같다.

- 발산(1차): 최대한 자유롭고 편한 분위기에서 최대한 많은 상상력을 발휘하도록 한다. 어떤 아이디어도 판단하거나 폐기하지 않음으로써 거절감에 대한 두려움으로부터 자유롭게 한다. 황당하고 비현실적인 아이디어를 환영하여 결과물에 대한 두려움으로부터 자유롭게 한다.
- 수렴(1차): 어느 정도 아이디어가 발산되어서 더 이상 진전이 없으면 유사한 아이디어와 연결하여 카테고리화 한다. 카테고리로 묶인 아이디어를 하나의 키워드로 다시 정리하면서 수렴한다. 카테고리 밖의 아이디어는 버리지 않고 언제든 활용할

수 있도록 별도로 보관한다.

- 발산(2차): 수렴된 카테고리의 아이디어 중 하나의 아이디어를 선정하여 다시 발산한다. 한 번 수렴된 범위 내에서 발산하도록 한다. 카테고리 밖의 아이디어에서 보완하거나 차용하는 등 유연하게 아이디어를 발산한다.

위의 프로세스를 반복하여 최종적으로 하나의 아이디어를 프로토타입으로 제작한다.

시각적 사고

머릿속에 있는 생각을 이미지나 글로 표현하여 사람들에게 내보이는 일은 어느 정도의 용기를 필요로 한다. 아이디어 단계에서의 시각적 사고는 포스트잇을 활용하거나 아이디어 스케치를 통해서 발현된다. 본인의 아이디어를 표현하고 드러내다 보면, 처음에는 머뭇거리면서 몇 개밖에 적지 못했던 아이디어의 양이 시간이 지남에 따라 확연히 늘어나게 된다. 시각적 사고를 하는 방법은 다음과 같다.

하나의 포스트잇에 하나의 아이디어를 적어서 최대한 많은 아이디어를 적는다. 함께 프로젝트를 진행하는 팀원들은 고유 컬러의 포스트잇을 사용하여 본인의 아이디어를 잘 확인하도록 한다. 소통 가능할 정도의 글과 그림으로 이미지화한다. 이때 주의할 점은 비슷한 글과 그림이어도 배제하지 않는다는 것이다. 수렴 단계에서 유사한 아이디어가 담긴 포스트잇을 재배열하면서 배제되었거나 다른 포스트잇의 내용과 너무 유사해서 배제된 포스트잇도 버리지 않고 눈에 보이게 둔다. 때로는 배제된 포스트잇에서 또 다른 힌트를 얻기도 하기 때문이다.

그림 43
포스트잇을 이용한
시각적 사고

두려움을 극복하기 위한 협업

새로운 앙트레프레너 마인드 중 일곱 번째인 협업은 디자인 씽킹의 전반에 거쳐 이뤄진다. 앞서 설명한 것처럼 아이디어 단계에서는 두려움을 극복하는 방안으로서 협력을 활용한다. 디자인 씽킹에 대한 효과성 검증 연구에서도 많은 수의 학생들이 협력을 통해서 자신의 의견을 피드백 받아서 자신감이 생긴다는 의견과 함께 논의를 함으로써 위험 부담이 줄어들어 용기가 생긴다는 의견을 전했다. '극단적 협업'이라는 표현은 디스쿨에서 사용하는 표현으로서 각기 다양한 전공과 배경을 가진 팀원들이 자유롭게 스스로의 관점에서 토론을 하고 협력을 한다는 점을 강조한다. 협업이 힘든 이유는 소통이 원활하지 않기 때문이다. 따라서 자신의 의견을 가시화하고 명확히 하여 분명히 전달하고 오해가 없도록 하는 것이 중요하며 이는 시각적 사고가 강조되는 또 다른 이유이기도 하다.

4단계: 프로토타입PROTOTYPE & 5단계: 테스트TEST

그림 44
프로토타입 단계와 테스트 단계에서
구현되는 마인드

디자인 씽킹 프로토타입 단계를 통해 앙트레프레너의 디자인 마인드인 창의성, 행동 지속, 협업이 실현되고, 테스트 단계를 통해 타인 공감, 행동 지속, 협업이 실현된다.

프로토타입은 최초라는 의미의 'proto'와 원형을 의미하는 'type'의 합성어로서 붙이면 '최초의 원형'이다. 시제품이 나오기 전 제품의 본 기능이 담긴 원형을 의미한다. 프로토타입은 시각적 사고의 결정체이다. 스탠퍼드 대학의 공과 대학에서 디자인 씽킹의 원형이 되었던 시각적 사고 수업시간에 중점적으로 진행했던 것이 프로토타입 과정이었다.

머릿속에 있는 아이디어가 구체적이면 구체적일수록 프로토타입은 쉽게 만들어진다. 그런 의미에서 프로토타입은 아이디어 과정의 연장이라고도 할 수도 있다. 아이디어가 어떤 형태로든 세상 밖으로 나오지 않으면 그 아이디어가 맞는 것인지 검증할 수가 없고, 해당 아이디어에 대해 사람들과 편하게 토론할 수도 없다. 무엇보다 아이디어를 낸 당사자도 눈에 보이지 않으면 아이디어가 어떤 것인지를 명확하게 알 수 없다. 프로토타입이 어느 정도 만들어지면 잘 동작하는지, 아이디어를 잘 반영했는지, 시뮬레이션을 통해 문제를 해결하여 이상적인 상황으로 바뀌었는지에 대한 테스트를 병행하면서 지속적으로 수정하고 발전시키도록 한다. 프로토타입은 테스트를 통해 발전되고, 테스트는 프로토타입을 제대로 발전시키기 위해 점차 더 정교하게 진행된다. 따라서 다음과 같은 가이드가 제시된다.

첫째, 잘 만들 필요는 없고, 제대로 동작하도록 만들어라

외관상 깔끔하고 보기 좋은지가 아닌 주요 기능들이 제대로 동작하는지에 집중해야 한다.

둘째, 아이디어가 잘 반영되지 않았다면 과감히 수정하든지 다시 만들어라

모형화된 사고인 프로토타입은 사고가 얼마나 허술한지를 적나라하게 보여 준다. 당연하게 받아들여야 한다.

셋째, 문제가 해결되지 않았으면 문제를 다시 정의해라

사용자가 가진 문제를 해결하지 못할 것 같다는 결과가 나오면 문제를 잘못 정의한 것이다.

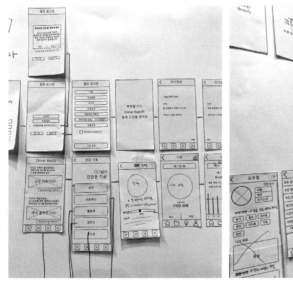

그림 45
건강관리 앱 종이 프로토타입 예시

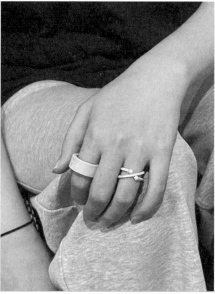

그림 46
건강관리 반지형 웨어러블
3D 프린팅 프로토타입

그림 47
호텔용 가운 제작을 위한
종이 프로토타입을 만드는 모습

스타트업
디자인 씽킹

완성된 프로토타입으로 [그림 48]처럼 사용자 시나리오를 제작해 본다. 즉, 사용자가 프로토타입이 실제 제품으로 출시될 경우 어떻게 활용하는지에 대한 상황을 가정하여 공감의 상태로 사용해 보는 것이다. 일종의 시뮬레이션 프로토타입이다.

프로토타입의 기능이 잘 작동하고 아이디어를 제대로 반영했다고 판단되는데 테스트를 해 보니 도저히 사용자가 가진 문제를 해결하지 못할 것 같다는 결과가 나오기도 한다. 앞서 언급했듯이 이 정도면 아이디어의 문제가 아니라 문제를 잘못 정의한 데에 있다. 이는 충분히 있을 수 있는 일인데 이 단계에서 많은 학생들이 좌절을 한다. 하지만 이 역시 그럴 수 있는 일이다. 테스트는 무수한 반복을 통해 해결점을 찾아가는 과정이라고 보면 된다.

애써 도출해 낸 아이디어가 물거품으로 돌아갈 수도 있고, 테스트를 통한 지속적인 부정적 피드백을 받을 수도 있기 때문에 해당 프로젝트를 그만두고 싶다는 유혹에 빠지기도 하기 때문이다. 특히 완벽주의적 성향이 있는 사람들이 이 단계를 어려워한다. 완벽하게 하지 못할 것 같으면 아예 행동으로 옮기지 못하고, 실수를 인정하지 않기 때문에 프로토타입의 실패를 빨리 인정하고 수정하거나 처음으로 돌아가서 다시 시작하는 것을 받아들이지 못한다. 타인의 피드백에 지나치게 민감하여 솔직한 의견을 나누는 피드백 단계를 기피하기도 한다. 성공한 앙트레프레너들에게 '당신의 동기부여가 무엇인가?'라고 물었을 경우의 답변은 '피드백'이었다. 좋은 피드백은 힘이 되고 안 좋은 피드백은 더 나은 제품을 만들 수 있다는 희망을 주기 때문에 지속적인 피드백을 받는다고 한다.

사용자 유형: 놀이공원에서 간이 의자를 필요로 하는 사용자

시나리오				
니즈	오늘따라 대기줄이 기네. 놀이기구를 타는 건 즐겁지만, 서 있는 게 너무 힘들어. 기다리는 동안 앉을 수 있으면 좋을 텐데.	바닥에 앉으면 더럽고, 치가운 데 가까이서는 보고 싶고.	나 이번 타임은 쉬고 싶어. 나 여기 있을 테니까 타고 와.	셀카봉 길이가 너무 짧아서 사진이 너무 이상하게 나오네. 밑에 뭔가 받칠 만한 게 있으면 좋겠다.
	대기줄에 서 있을 때, 앉고 싶다.	퍼레이드를 볼 때, 가까이서 편하게 보고 싶다.	애매하게 기다리긴 해야 하고 서 있긴 싫다.	셀카봉을 바둑 정도로 판판한 받침대가 필요하다.
사용자 행동	좁을 이용해 들고 다니다가 언제 어디서든 앉고 싶을 때, 종이를 펴서 의자를 만든 후, 편하게 앉는다.		애매하게 기다리긴 해야 하는 후, 편하게 앉는다.	종이 의자에 물건을 올린다.

그림 48
휴대용 의자를 위한 사용자 시나리오 예시

스타트업
디자인 씽킹

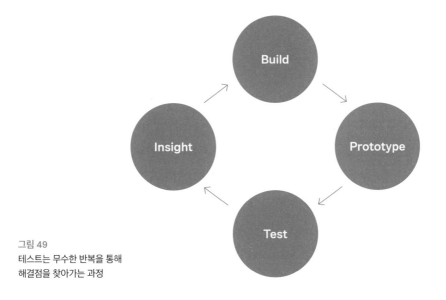

그림 49
테스트는 무수한 반복을 통해
해결점을 찾아가는 과정

따라서 디자인 씽킹에서 중요시하는 것은 긍정적이고 낙천적인
태도이며 실제로 디자인 씽킹을 잘하는 사람들의 특징 중 가장 큰 것
이 낙천주의라고 팀 브라운Tim Brown은 말하고 있다. 이러한 태도는
천성적일 수도 있지만 반복되는 훈련을 통해 키워지기도 한다. 몸의
근육도 훈련을 하면 단단해지는 것처럼 사고도 훈련을 통해 단단해
질 수 있다.

지금까지 2000년대 이후 성공한 50인의 기업의 대표들을 인터뷰
로부터 도출한 앙트레프레너 마인드를 토대로 앙트레프레너 마인드
가 디자인 마인드와 어떻게 일치하고, 이러한 디자인 마인드가 디자
인 씽킹을 통해 어떻게 구현되는지를 살펴봤다. 3부에서는 성공한 앙
트레프레너들을 직접 만나 전해들은 생생한 이야기를 전하고자 한다.
스타트업의 대표들 중 디자인 전공자 출신이 최근에 두드러진다. 해외의 경우 '에어비앤비'의 대표 브라이언 체스키Brian Chesky와 '핀터레스트'의 창업자 벤 실버맨Ben Silverman이 대표적인 디자인 전공 앙트레프레너이다. 국내의 경우를 살펴보면, '배달의 민족' 김봉진 대표, P2P대출 플랫폼 '렌딧'의 김성준 대표, 자동차 매매 플랫폼 '겟차'의 정유철 대표가 대표적이다. 3부에서 소개할 앙트레프레너들 역시 디자인 전공자이다. 이들은 창의성, 자신 자각, 타인 공감, 트렌드 센싱, 본질 정의, 행동 지속, 협업이라는 디자인 마인드와 디자인 스킬을 활용하여 학용품, 패션, 카페, 식당, 공예 제품, VMD 등 다양한 분야에서 성공적인 사업을 하고 있다. 3부에서 이들의 디자인 마인드 이야기를 들어 보자.

생각해 보기

1. 새로운 7가지 앙트레프레너 마인드와 디자인 마인드가 일치하는 이유에 대해 생각해 보자.

2. 기존에 가지고 있던 디자인의 의미가 책에서 말하는 디자인과 어떻게 다른지 생각해 보자.

3. 디자인 씽킹이 어떻게 발전해서 오늘날의 혁신적인 창업의 방법론으로 활용되고 있는지 생각해 보자.

4. 디자인 씽킹의 5가지 단계가 새로운 7가지 앙트레프레너 마인드와 각각 어떻게 연계되는지 생각해 보자.

5. 타인 공감을 연습하기 위해 디자인 씽킹에서 활용하고 있는 방법론이 어떤 것인지 생각해 보자.

6. 정의하기와 아이디어는 어떤 관계가 있는지 생각해 보자.

7. 아이디어와 프로토타입은 어떤 관계가 있는지 생각해 보자.

8. 프로토타입과 테스트는 어떻게 구현되는지 생각해 보자.

9. 성공적인 디자인 씽킹 사례를 생각해 보자.

10. 삶에서 공감되는 문제를 찾아내고 디자인 씽킹 프로세스를 활용하여 해결해 보자.

3

디자인 주도적
스타트업 이야기

6장 | 섬세한 사고로 고유의 가치를 만들다,
클립펜 대표 구석모

7장 | 모든 순간과 환경을 디자인하다,
더치랩 대표 신동건, 김윤지

8장 | 새로운 시도를 즐기고 끊임없이 문제를
해결하다, 줄리아 대표 감영한

9장 | 오리지널리티를 추구하며 진심을 다하다,
KHJ STUDIO 대표 김현주

10장 | 위기를 기회로 보고 실행하다,
제리백 대표 박중열

11장 | 성장, 도전, 공헌하는 사람이 모여
공동체를 만들다, 디자인애피타이저샐러드
대표 김지연, 이승은

6장

섬세한 사고로
고유의 가치를
만들다

클립펜 구석모 대표

창의성
Creating

타인 공감
Empathizing

자신 자각
Self
Discovering

트렌드 센싱
Trend Sensing

본질 정의
Defining

행동 지속
Continuing

협업
Cooperating

기업 소개

기업명/브랜드명 CLIPEN 클립펜
회사 업종 제조업
창립연도 2011년
본사 위치 서울 마포구
제품 출시 국가 미국, 영국, 이탈리아, 프랑스,
　　　　　　　독일, 바레인 등 총 24개국
홈페이지 www.clipen.co.kr
인스타그램 @clipen_official

구석모 대표가 인터뷰를 통해 언급한 성공의 원인을 보면, 창의성, 타인 공감, 본질 정의, 자신 자각, 행동 지속 등의 디자인 마인드를 갖추고 있음을 알 수 있다.

> **창의성** "끊임없는 노력으로 인해 작은 아이디어가 큰 아이디어로 성장하고, 처음 아이디어를 떠올렸을 때는 몰랐던 여러 문제들을 해결하는 것이 혁신의 고리"
> **타인 공감** "펜을 왜 필요로 하고 어떻게 사용하는지에 대한 사용자 관찰과 공감을 기반으로 시작"
> **본질 정의** "본연의 펜이 가지는 3가지의 정체성을 정립하고 콘텐츠를 담는 문화적 가치까지 본질적 정의 확장"
> **자신 자각** "본인이 가장 좋아하고 누구보다 잘 아는 제품을 선정한 것이 성공의 씨앗"
> **행동 지속** "가장 좋아한 일이라는 것과 제품에 대한 확신, 긍정적 피드백이 행동 지속의 원동력" "앙트레프레너 마인드 중 가장 중요한 창의성을 위해 끊임없는 노력과 지속적 행동이 필요"

CLIPEN(이하 클립펜)은 '사람들이 펜을 왜 필요해하고 어떻게 사용하는지'에 대해 깊이 탐구한 후, 최고의 사용 경험을 디자인적으로 풀어낸 필기구'로 디자인 문구 브랜드이자, 제품명이다.

클립펜은 세계 3대 디자인 어워드에서 수상했을 뿐만 아니라 아시아 디자인 어워드에서도 수상함으로써 제품의 디자인적 가치를 인정받았다. 출시한 후, 해외 유명 뮤지엄과 백화점 및 디자인숍에서부터 판매되기 시작하여 현재는 다양한 곳에서 판매되고 있다. 그뿐만 아니라, 브랜드의 아이덴티티가 드러나는 그래픽이나 아티스트들의 작품이 펜에 입혀짐으로써 다채로운 디자인으로 만들어지고 있다. 이제 클립펜은 단순히 쓰기 위한 펜을 넘어서 개성과 취향을 드러내거나, 자기 작품이나 컨텐츠를 담아 자신을 알릴 수 있는 상징물이 되었다. 이렇게 펜 이상의 가치를 만들어 내는 것이 됨으로써 제품의 영역이 처음과는 비교할 수 없을 만큼 확장되었다.

비즈니스의 시작

구석모 대표는 창업 초기부터 본인이 직접 디자인한 제품을 판매하고 싶었다고 했다. 제품디자인을 전공한 사람으로서의 꿈이었다. 제품 선정은 첫 번째로 맞닥뜨린 중요 과제였다. 독보적으로 뛰어나고 매력적인 제품을 만들기 위해서는 '가장 좋아하고, 누구보다 잘 아는 제품'을 선정해야 했다. 핸드폰, 옷, 가방 등 여러 제품들을 종이에 적어나가고 있을 때 수많은 리스트를 뒤로하고 그의 시선이 향한 곳은 손에 쥐어진 펜이었다. 구석모 대표는 인터뷰에서 "제가 찾고 있던 물건은 이미 제 손에 있었습니다"라고 답했다. 그것이 클립펜의 시작점이었다.

비즈니스 전개 과정

필기구는 아무리 기술이 발달하고 디지털화되더라도 꾸준히 필요한 제품이다. 게다가 정서적 경험을 얻을 수 있는 것 중 가장 쉽게 구매할 수 있는 제품이라는 멋진 매력이 있다. 하지만 혼자서는 사용될 수 없다는 단점도 가지고 있다. 종이와 펜, 두 가지가 함께 있어야만 사용할 수 있기 때문이다. 그럼에도 이 문제를 제대로 해결한 제품은 없었다. 구석모 대표는 이를 해결하고자 했다. 그는 클립펜의 시작에 대한 물음에 "언제나 종이와 펜이 함께 있을 수 있게 하면 어떤 브랜드보다 뛰어난 제품이 탄생할 것이라 생각하고 디자인을 시작했습니다"라고 답했다.

구석모 대표에게 펜은 글을 쓰거나 그림을 그리는 도구가 아니라 사용자의 '생각을 기록하고 표현하는 도구'이다. 그는 그 목적을 보다 쉽고 편리하게 해 주는 펜이 최고의 펜이라고 생각했다. 그는 최고의 펜이 되기 위해서는 최소한 3가지 키포인트가 필요하다고 말했다. 그 키포인트는 다음과 같다.

- 찾지 않아도 펜과 종이가 함께 있을 것
- 끊김 없이 부드럽게 써질 것
- 손에 편안하게 쥐어질 것

최고의 펜을 만들기 위해서 여러 가지 방법과 형태를 고민하고 테스트하다가 최종적으로 나온 디자인이 바로 클립펜이다. 클립펜은 종이에 끼워서 휴대할 수 있다. 또, 바인더처럼 여러 장의 종이를 펜이 붙들어 주기도 하다가 필요할 때 빼서 쓸 수 있으며, 북마크로도 활용할 수 있다.

그는 클립펜을 디자인하면서 펜의 본질인 '잘 써져야 한다'와 '그립감이 좋아야 한다'는 것도 놓치지 않았다. 클립펜은 클립 기능이 있는 펜이기 전에 '생각을 기록하고 표현하는 도구'이기 때문이다.

클립펜

구석모 대표는 "클립 기능이 된다고 해도 잘 써지지 않으면 사용자의
생각이 현실에 나올 때마다 방지턱에 걸리는 것처럼 제대로 표현될
수 없을 것"이라고 했다.

　　클립의 기능을 유지하면서도 그립감을 높이기 위해 택한 디자인
이 바로 '물방울 형태'이다. 3D 프린팅으로 수십 개의 프로토타입을
만들고 피드백을 얻으며 1년을 연구했다. 그렇게 해서 완성된 지금의
형태는 마치 손에 달라붙는 것 같은 착각을 불러일으킬 정도로 안정
된 그립감을 선사한다.

　　형태뿐 아니라 펜촉과 잉크도 고심해서 선택했다. 한국을 비롯
한 다양한 나라의, 다양한 제조사들의 펜촉과 잉크를 테스트했다. 테
스트하면서 고려한 것은 '간편하게 휴대하며 펜을 쓰는 사용자'라는
단 한 가지였다. 사용감을 높이기 위해 마찰력이 낮아 부드러운 펜촉
을 선택했고 펜촉의 사이즈는 0.5mm보다 큰 0.7mm를 선택했다, 또

한, 눈에 잘 보이도록 끊기지 않고 선명하게 잘 나오는 젤 잉크를 사용했다. 이는 모두 사용자를 생각했기 때문에 나온 결과이다.

비즈니스의 원동력

클립펜은 처음 생산할 때부터 순탄하지 않았다. 디자인은 완성했지만 생산할 수 있는 자본이 없었기 때문이다. 가지고 있는 자본에 맞게 제품을 생산해 줄 공장을 찾아다니다가 한국을 벗어나 중국으로 가게 됐다. 겨우 적합한 공장을 찾아냈지만 그 공장은 공항에서 차로 7시간이나 걸리며 외국인이 전혀 없는 외진 곳에 있었다. 그곳에서 클립펜 1개만 제작되는 틀(금형)을 만들어서 생산하게 됐다. 구석모 대표는 당시를 회상하며 말했다.

> 붕어빵을 사러 갔는데 사장님이 1개만 만드는 틀에 반죽을 붓고 구워서 1개가 완성되면 그제야 또 반죽을 붓고, 그게 완성되면 다시 반죽을 붓는다고 생각해 보시면 이게 얼마나 비효율적인지 금세 아실 겁니다. 게다가 형태도 원하는 대로 만들지 못했습니다. 하지만 그 당시에는 자금이 넉넉하지 않아 어찌할 수 없는 상황이었습니다.

그렇게 열악한 상황에서 클립펜이 만들어졌고, 출시되었다. 반응은 폭발적이었다. 많은 분들이 좋아해 주셔서 20만 개 이상 판매가 된 것이다. 그 수익금으로 실력이 뛰어난 공장을 찾아다니기 시작했다. 기존 공장과는 문제가 많았고 기술적 역량도 부족하여 원하는 퀄리티로 생산하기 버거웠기 때문이다. 새로운 공장을 찾는 과정에서도 많은 어려움이 있었다. 특히 만들 수 있는 실력이 되지 않음에도 할 수 있다는 공장을 만나서 가지고 있던 돈을 모두 날려 버리기도 하고, 중국에 오래 머무르기도 하면서 약 2년간 고생의 시간을 보냈다. 구석모 대표는 이때 받은 스트레스와 힘든 생활로 인해 매일 안고 살아가야 하는 생활 질환을 얻기도 했다. 이처럼 여러 난관이 있었지만, 결국 지금의 공장과 계약해서 현재 버전의 클립펜을 만들 수 있게 되었다.

구석모 대표가 여러 고난들을 어떻게든 이겨 내면서 클립펜을 제작할 수 있었던 이유는 "제품에 대한 확신이 있었고, 좋아하는 일이기 때문"이라고 한다. 초기 모델이 20만 개가 팔렸을 때 제대로 만들면 판매량이 높아지겠다는 확신이 든 것이다. 또한, 클립펜은 클립 기능이 있을 뿐만 아니라 그립감도 좋고 잘 써지는 펜이기 때문에 사용자들에게 만족감을 줄 거라는 확신도 있었다. 소비자들에게 제품이 너무 좋다는 긍정적인 피드백을 받은 것도 큰 동기부여가 되었다. 회사에서 근무하는 한 소비자가 클립펜을 개인적으로 사용하다가, 팀에 건의하여 회사 굿즈로 제작을 의뢰하는 경우도 있었다. 구석모 대표는 "이와 같은 일 덕분에 우리 제품을 매일 사용하시고 좋아하시게 하려면 어떻게 해야 하는지 고민했던 날들이 좋은 피드백이라는 열매로 맺어졌다는 기분이 든다"고 말했다. 가장 좋아한 일이라는 것과 제품에 대한 확신, 긍정적 피드백이 행동 지속의 원동력이 된 것이다.

비즈니스의 비전

구석모 대표는 "클립펜이라는 디자인 문구를 브랜딩할 때 가이드로 잡은 포인트는 '펜이 아닌 그 이상의 가치'였다"라고 말했다. 문구 산업에는 BIC, ZEBRA처럼 자본력이 큰 회사들이 많아서 문구 시장에서 성장하려면 단순히 특이한 펜이 아닌 클립펜만이 가질 수 있는 디자인 가치를 드러내야 한다고 생각한 것이다.

세계 3대 디자인 어워드에서 수상한 펜이라는 타이틀을 획득한 것 또한 이러한 전략의 일환이었다. 클립펜은 디자인 상을 받았다는 사실 덕분에 캐나다의 온타리오 미술관, 스웨덴의 모더나 뮤지트 Moderna Museet, 미국의 구겐하임 미술관, 독일의 바우하우스 뮤지엄 등 세계적으로 유명한 곳에 입점하여 예술과 디자인 가치를 존중하는 고객들에게 소구될 수 있었다. 이후, 백화점과 디자인숍에도 입점했다. 일반 문구점이나 오픈마켓 같은 유통 채널에서는 판매하지 않도록 했다. 분명 쉽지 않은 접근이었지만, 고유한 디자인 가치를 어필하고 싶었기 때문에 한 선택이었다.

이렇게 디자인 가치를 보여주고자 했던 의도는 좀 더 예술적이고 사회 환원적인 모습으로 발전했다. 현재 클립펜은 유화 작가, 피규어 아티스트, 그래픽 아티스트 등 다양한 작가와 콜라보레이션하는 'CLIPEN with ARTIST 프로젝트'를 진행하고 있으며, 1년 365일 중 의미 없는 날이 없다는 슬로건으로 진행되며 특별한 날들을 소개하고 에디션을 선보이는 '365 프로젝트'를 하고 있다. 이와 같은 프로젝트들을 통해 여러 작가들의 작품을 클립펜에 입혀 사람들에게 예술을 더욱 알리고, 많은 사람들이 일상에서도 예술을 즐길 수 있도록 이끌고 있다. 게다가 프로젝트로 얻은 수익금을 활용해 제3세계의 학교와 아이들에게 펜을 기부하고 있다.

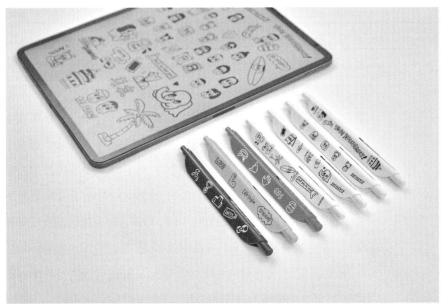

위: CLIPEN with ARTIST 프로젝트, Succulency 에디션
아래: 365 프로젝트, 달 착륙의 날 기념 NASA 에디션

클립펜은 프로젝트 수익금으로 제3세계의 학교에 펜을 기부하고 있다

    클립펜은 '생각을 표현하는 도구'를 넘어서 '정서적 만족감을 느끼고, 예술적이고 풍부한 일상을 보내며, 자신의 가치관을 드러내는 상징'이 될 수 있도록 매일 나아가고 있다. 개인이 브랜드가 되는 요즘, 사람들이 자신만의 컨텐츠를 클립펜에 입히고 있다. 클립펜으로 굿즈를 만들어서 자신을 드러내고 있는 것이다. 이처럼 일상적으로 사용하는 클립펜에 콘텐츠가 녹아들어서 펜은 개성 있는 가치를, 콘텐츠는 친근함을, 사용자는 특별한 만족감을 얻게 되는 새로운 경험이 생기고 있다. 구석모 대표는 계속해서 이러한 즐거움과 만족감으로 풍부한 일상을 선사하는 것이 클립펜의 비전이라고 말한다.

7가지 디자인 마인드 중 가장 중요한 것

구석모 대표가 생각하는 가장 중요한 디자인 마인드는 '창의성'이다. 그는 "머릿속에 새로운 아이디어를 떠올리고 가시화 할 수 있는 능력"이 매우 중요하다고 말했다. 그는 "결과물에서 느껴지는 '창의성'은 갑자기 떠오른 아이디어나 천재의 재능 같은 단순한 것이 아니다. 새로운 아이디어에 대해 끊임없이 생각하고 개선하며 다듬어 나가야만 한다"라고 덧붙였다. 즉, 창의성과 더불어 '멈추지 않는 노력'이 꼭 필요한 것이다. 구석모 대표는 "밥을 먹고 있는데 갑자기 엄청난 아이디어가 머릿속에 들어온다거나, 샤워를 하고 있다가 아이디어가 떠오른다거나 하지는 않았다"고 솔직하게 밝히면서 "중요한 건 '잠깐 떠오른 빈약한 아이디어'나 '프로젝트의 목표'를 실현하기 위해 '끊임없이 문제들을 해결하고 좋은 점은 더 좋게 만드는 작업을 하는 것"이라고 말했다. 그는 항상 프로젝트의 목적을 설정하고 끊임없는 생각과 시도를 하고, 개선하면서 문제 해결을 함으로써 완성으로 다가갔다.

실제로 그는 처음 클립펜을 구상할 때도 '펜과 노트밖에 없는 상황에서도 서로 떨어지지 않고 함께 보관할 수 있게 해 주는 펜'을 목적으로 설정했다. 그리고 이 '목적'에 도달하기 위해 걷거나, 뛰거나, 밥 먹거나, 설거지하거나, 샤워하거나, 책을 읽거나 하는 등 무엇을 하든 간에 깨어 있는 모든 시간 동안 머릿속의 가장 높은 곳에 목적을 뒀다. 그는 "이렇게 하면 무엇을 하든 간에 보고 있는 것, 듣고 있는 것, 생각하는 것들이 목적과 연결되게 되고 그러다 보면 어제는 떠오르지 않았던 해결법이 보이게 됩니다. 그 해결법을 시도해도 또 다른 문제가 있어서 다시 원점으로 돌아올 때도 많지만 그럼에도 프로젝트가 끝날 때까지 항상 목적을 머릿속의 최상단에 두는 것을 유지합니다. 이렇게 하면 목적을 해결하기 위한 '일'을 하지 않는 시간에도 아이디어가 진전되기 때문에 효과적일 뿐만 아니라 유용합니다."라고 말했다.

프로젝트를 진행하다 보면 같이 일하는 사람이나 외부업체 사람들한테서 "그건 못한다" "안 된다"라는 말을 많이 듣게 된다. 구석모 대표는 성공적으로 아이디어를 가시화하기 위해서는 "안 된다"라는 의견을 곧이 곧대로 듣지 않아야 한다고 말했다. '왜 안 돼?'라고 생각해야 한다는 것이다. 물론 실제로 안 되는 것도 있을 수 있다. 그러나 구석모 대표는 사람들이 "안 된다"라고 하는 대부분의 것들을 조금 더 고민하고 다른 방법을 제시하면서 해결을 해 왔다. 어떻게 그렇게 할 수 있었을까? 그는 창의성에 대해서 이렇게 말한다.

창의성을 유지하기 위해서, 아이디어를 실제적으로 구체화하기
위해서는 혼자서 된다고 생각만 하는 게 아니라 다른 사람이
안 된다고 하는 것까지 되게 만드는 노력이 필요합니다. 이렇게
끊임없는 노력으로 인해 작은 아이디어가 큰 아이디어로
성장하고, 처음 떠올렸을 때는 몰랐던 여러 문제를 해결할 수
있게 되고, 결국에는 누가 봐도 기발하고 뛰어나며 완성도 높은
결과물로 눈앞에 드러나게 됩니다. 그렇기 때문에 창의성은
천재에게만 나타나는 재능이나 행운 같은 것이 아니라 노력의
산물이라고 생각합니다.

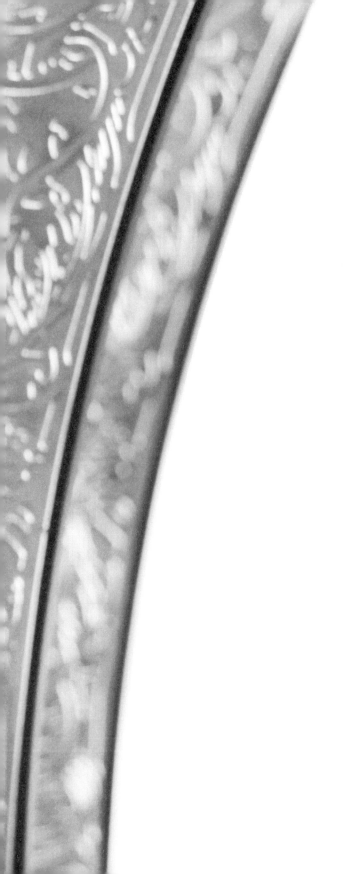

7장

모든 순간과
환경을 디자인하다

더치랩 대표
신동건, 김윤지

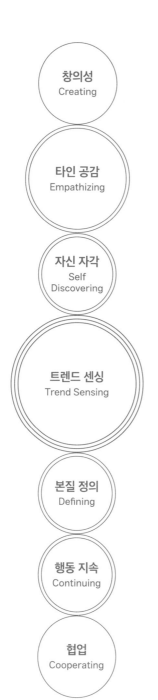

창의성
Creating

타인 공감
Empathizing

자신 자각
Self
Discovering

트렌드 센싱
Trend Sensing

본질 정의
Defining

행동 지속
Continuing

협업
Cooperating

기업 소개

기업명/브랜드명 디자인방위대/더치랩
회사 업종 제조업, 서비스업
창립연도 2012년
본사 위치 대한민국, 서울
제품 출시 국가 USA, Netherlands,
China, France, Germany, UAE, Saudi
Arabia, Poland, Kuwait, Bahrain,
Indonesia 등 26개국
홈페이지 www.dutch-lab.com
인스타그램 @dl_dutchlab

스타트업
디자인 씽킹

신동건, 김윤지 대표는 인터뷰를 통해 디자인 마인드 중 특히 타인 공감, 자신 자각, 트렌드 센싱, 본질 정의, 행동 지속이 성공의 비결이었음을 밝혔다.

> **타인 공감** "사람들에게 필요한 건 무엇인지, 앞으로 어떻게 변할 것인지, 그러한 변화에 따라 어떤 게 새롭게 필요하게 될 것인지를 항상 생각"
>
> **자신 자각** "가장 잘 알고 누구보다 잘 하고 있는 분야의 시각으로 접근한 문제 발견과 해결"
>
> **트렌드 센싱** "최대한의 정보를 수집하여 대입한 후, 알맞은 속도로 트렌드에 합류하기 위한 통찰력을 위한 노력"
>
> **본질 정의** "사용자로 몰입하여 그 입장이 된 공감의 상태. 심지어는 커피 머신 안의 커피가 되어 본질을 파악"
>
> **행동 지속** "실행을 하면서 사람들의 피드백을 많이 받음으로써 지속할 수 있는 동기를 확보" "지속적 베타 테스트"

더치랩은 디자인 전문 회사인 디자인방위대가 운영하는 커피 브랜드이다. 2012년부터 커피 문화를 선도적으로 리드하여 차별화된 사용자경험과 IT솔루션을 제공했다. 경험을 다지고 실력을 높이면서 어느새 세계에서 인정하는 콜드브루 커피계의 하이엔드 브랜드로 자리잡게 되었다. 더치랩에서는 콜드브루 커피와 관련된 다양한 제품과 서비스를 선보인다. 대표적인 2가지는 콜드브루 커피 아트오브제와 올-어라운드 스트리밍 음료 시스템이다.

먼저, 콜드브루 커피 아트오브제는 더치랩만의 디자인으로 제작된 콜드브루 추출 기구이다. 콜드브루 커피 아트오브제는 튼튼하고 단단한 구조로 국내외 특허를 받았으며, 유니크하고 유려한 디자인과 섬세하고 정밀한 기능이 조화를 이루고 있는 제품이다. 뛰어난 기능도 기능이지만 디자인과 예술적 가치를 인정받아, 영국과 네덜란드 뮤지엄을 포함해 세계 각국에서 전시되고 있다. 그뿐만 아니라 다양한 나라의 미디어에 출연했으며, 26여 개국의 사람들이 카페, 호텔, 리조트 등에서 더치랩의 커피 추출 기구를 경험하고 있다.

콜드브루 커피 아트오브제가 더치랩의 시작을 열어 준 제품이라면, 올-어라운드 스트리밍 음료 시스템은 더치랩의 미래를 열어 줄 서비스이다. 이 시스템의 다른 표현은 '음료 프랜차이즈 OTT 서비스 플랫폼'이다. 다양한 나라의 영화나 드라마를 OTT서비스로 언제 어디서나 쉽게 볼 수 있듯이, 세계의 다양한 카페에서 맛볼 수 있는 다양한 커피들을 굳이 해외에 가지 않고도 더치랩 카페에서 즐길 수 있기 때문이다.

비즈니스의 시작

디자인 전문 회사 디자인방위대는 주로 제품, 시각, 인테리어 디자인을 해 왔다. 2012년 어느 날, 한 카페로부터 의뢰를 받아, 공간 디자인을 하게 되었다. 카페 내부를 디자인하다 보니 콜드브루 추출 기구를 구매해야 하는 상황이 됐다. 시중에 나와 있는 기구들이 매우 고가인 데다가 판매처는 2~3개의 해외 업체밖에 없었다. 게다가 고가의 제품임에도 불구하고 막상 사용해 보니 구조가 약해서 흔들거렸으며 추출되는 물을 미세하게 조절할 수도 없는 단점이 있었다. 한마디로 시중에 나와 있는 콜드브루 추출 기구는 디자인이나 품질, 모든 면에서 개선이 시급한 상태였다. 신동건 대표는 그때 커피 기구 또한 건축과에서 가장 처음 배우는 건축의 3요소인 구조, 기능, 미가 필요한 제품이라고 생각했다. 동시에 '이 문제를 개선하고 브랜딩을 하면 100년 후에는 명품 브랜드가 될 수 있는 제품을 만들 수 있지 않을까?'라는 생각을 했다. 그 생각을 할 때 그의 손은 이미 커피 기구를 스케치하고 있었다. 이것이 바로 디자인방위대가 브랜딩한 하이엔드 커피 브랜드 '더치랩'의 시작점이다.

비즈니스 전개 과정

콜드브루 추출 기구를 디자인하기 위해 커피에 대해 공부하고 익혔다. 그렇게 해서 커피를 추출하는 데 필요한 요소들을 조합해 더치랩만의 커피 기구를 완성했다. 더치커피 기구라고 불리는 대부분의 콜드브루 추출 기구는 나무로 제작하지만 더치랩 제품은 스틸로 제작하여 관리가 편리하다. 그리고 특허받은 조립 방식 덕분에 납작한 박스 형태로 포장하여 유통과 보급이 용이하다.

그러나 당시 국내 음료 시장에서는 저렴하고 음료 제조가 빠른 제품이 인기였다. 이는 더치랩의 커피 기구와는 전혀 다른 성격이었다. 이러한 상황에서 더치랩과 더치랩에서 완성한 커피 기구의 가치를 알리기 위해서 한 선택은 해외 전시에 참가하는 것이었다. 이때 사람들의 관심을 끄는 데 성공하여 유럽, 미국, 중국, 동남아, 중동 등 다양한 국가에 더치랩의 콜드브루 추출 기구를 수출하게 되었다. 더치랩의 대표들은 이 일을 계기로 유니크한 브랜드는 어디에나 찾는 사람이 있다는 확신과 더치랩이 더욱 성장할 수 있다는 자신감을 갖게 되었다.

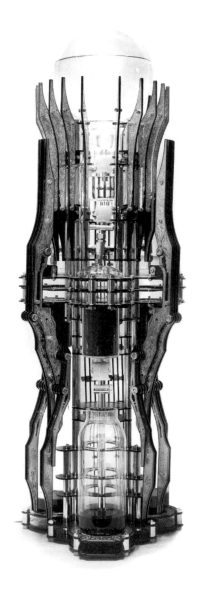

더치랩의 콜드브루 커피 아트오브제

더치랩 해외 전시

더치랩 해외 전시

    더치랩은 2016년부터 2019년까지 10여 회 이상의 해외 전시를 하고, (COVID-19로 인해 잠깐 해외 전시를 중단하는 기간을 가진 뒤) 2022년부터 두바이를 시작으로 다시 해외 전시를 하고 있다. 이와 같은 노력 덕분에 해외에서 사랑받는 브랜드로 성장할 수 있었다. 그뿐만 아니라 중국부터 두바이까지 세계의 다양한 파트너들과 교류를 하게 되었다. 더치랩의 대표들은 해외 파트너들과 얘기를 나누며 각 나라의 핫한 커피, 카페 등을 알게 되었다. 그리고 여러 생각을 나누고 교류하며 더치랩의 다음 스텝에 대해 끊임없이 고민해 왔다고 한다. 그러던 어느 날, 뉴욕의 한 로스터리에서 만난 로스터 겸 바리스타와 대화를 하던 중에 뜻밖의 말을 듣게 됐다.

"한국인이라면 맨하탄에 있는 스타벅스를 방문하는 게 좋을 걸요. 그게 저를 만나는 것보다 낫습니다(if you a korean, gonna visit to Starbucks in Manhattan. it is better then me)."

대뜸 이게 무슨 소리인가 싶었지만, 그 말의 의미를 다시 물어보니 그 친구를 찾아왔던 모든 한국인 바리스타는 에스프레소 메뉴를 묻기 위해 왔던 것이다. 그래서 에스프레소 메뉴는 스타벅스에 다 있으니, 거기 가는 게 더 좋다는 의미였다. 더치랩 대표는 당시를 회상하며 이렇게 말했다.

그 말에는 허세와 함께 자신의 커피에 대한 깊은 자부심이 있었습니다. 그 순간, 2012년에 우리가 어떤 목적을 갖고 이 사업을 시작했는지 돌이켜 보고 앞으로의 더치랩을 생각하고 싶어졌습니다. 그래서 그 친구에게 "그럼 당신은 어떤 커피를 만드나요?"라고 되물었습니다. 그러자 "모든 원두의 캐릭터를 디자인하는 게 바리스타의 역할입니다"라는 답이 돌아왔습니다. 이 말은 지금 하고 있는 일에 대해 다시 생각하게 된 계기가 됐습니다. 사실 '원두의 캐릭터를 디자인하는 것'은 커피를 공부할 때부터 여러 번 듣고 이미 알고 있던 것이었습니다. 그런데 그 앞에 붙은 '모든'이라는 단어가 제 뒷통수를 때렸습니다. 대부분의 바리스타는 한 가지의 원두이거나 많아도 세 가지 정도의 원두로 커피를 내립니다. 로스팅 정도와 분쇄도 등 다양한 변화 요소들이 있지만 이 부분은 잠시 넘어가겠습니다. 이 말을 한 친구 조차도 '모든'이라는 말을 쓰기에는 사용하는 원두 종류가 많지 않았지만, 그 친구의 말로 인해 저는 '모든'이라는 단어에 꽂혔습니다. 이 생각은 더치랩의 미래에 대한 생각으로 이어졌고 한국으로 돌아가는 비행기 안에서, 테이블 위에 놓인 종이에 구체화되었습니다. 이것이 '세상의 모든 커피를 연결시켜 주는, 언제 어디서나 다양한 나라의 커피를 맛볼 수 있는 음료 시스템'의 첫걸음입니다.

이것이 바로 더치랩만의 '올-어라운드 스트리밍 음료 시스템'이 시작된 계기이다. 이어서 더치랩의 대표들은 '올-어라운드 스트리밍 음료 시스템'에 대해서 이렇게 소개했다.

하이앤드 브랜드가 주는 고급 경험은 화려한 커피 추출 기구의 디자인에서만 느낄 수 있는 것은 아닙니다. 현재 여의도 IFC몰에서 운영되고 있는 더치랩 2호점에서는 어떠한 카페에서도 만날 수 없는 고급 경험을 제공하고 있습니다. 사용자가 오감으로 경험할 수 있는 더치랩 2호점은 심플하고 세련된 공간과 빠른 속도로 내려지는 다양한 커피 맛이 특징입니다. 그리고 여기에는 보이지 않는 가치가 녹아 있습니다. 그것은 바로 커피를 마시는 손님뿐만 아니라 바리스타의 상황까지 고려하여 선순환 생태계를 만들어갈 수 있는 커피 시스템입니다. 더치랩은 커피를 내리지 않고, 스트리밍합니다.

더치랩 클라우드에는 세계 각국의 뛰어난 바리스타들의 커피가 등록되어 있다. 모두 더치랩이 큐레이션한 바리스타들의 커피이다. 고객들이 직접 선택하여 경험할 수 있는 커피 종류에는 한계가 있다. 더치랩은 이러한 고객을 대신해서 세계 각국의 뛰어난 바리스타들의 레시피나 전 세계 각 현지에서 입소문을 타고 있는 커피를 선택해서 보여주고 있다. 뉴욕 브루클린에 있는 유명한 카페의 커피부터 교토

외곽에 있지만 커피 맛 때문에 입소문을 타서 사람이 끊이질 않는 작은 카페의 커피까지, 고객들은 이들의 커피를 굳이 직접 비행기 타고 가지 않아도 더치랩 카페에서 마실 수 있고 현지의 바리스타들은 다수의 체인점을 내지 않고도 글로벌 활동을 할 수 있다.

더치랩에서 커피를 맛본 고객들은 더치랩 앱을 통해 피드백을 함으로써 현지의 바리스타와 소통할 수도 있다. 그렇게 해서, 바리스타의 팔로워가 생기고 팬들이 생기며 바리스타가 하나의 브랜드가 된다. 이와 같이 더치랩이 바리스타와 커피를 소개함으로써 바리스타는 더욱 자기만의 커피에 매진할 수 있게 된다.

더치랩은 이러한 '스트리밍 시스템'을 통해 바리스타와 고객 모두 충만한 커피 경험을 할 수 있는 선순환의 생태계를 만들어 가고 있다. 더치랩이 만들어 낸 선순환의 생태계는 이뿐만이 아니다. 더치랩은 아이오티IoT 기반 시스템으로 운영된다. 이는 각 매장에서 소진되는 커피가 종류별, 시간별로 클라우드에 저장되고, 이러한 데이터를 기반으로 다음 달 예상 커피 소진량이 측정되는 시스템이다. 이렇게 분석된 데이터는 일정 기간이 되면 커피콩을 로스팅하여 배송해야 하는 공장에 자동 전송된다. 공장에서는 이러한 데이터를 기반으로 가장 정확한 시간에 커피콩을 숙성시켜서 버려지는 커피콩이 없도록 하고 최상의 품질의 커피콩을 로스팅하여 더치랩 카페로 배송해 준다. 사용자, 즉 고객은 전국에 있는 어느 더치랩을 방문하더라도 가장 신선한 커피로 만든 표준화된 맛을 보장받게 된다.

더치랩은 더 나아가 '커피 코스 서비스'를 제공하고 있다. 더치랩의 대표들은 이를 생각하게 된 이유로 "사실 많은 분들이 아시다시피 카페의 본질은 커피라는 음료가 전부는 아닙니다. 커피를 마시는 장소인 카페로부터 커피를 마시는 문화가 발전할 수 있었고, 커피를 고

더치랩의 커피 코스 서비스

르며 마시고 즐기는 것이 '일상적 경험이자 습관'으로 변화했다고 생각합니다. 커피의 맛과 재료에 대한 연구는 당연한 것이며, 더 나아가 카페라는 장소의 본질을 재해석하고자 했습니다."라고 답했다.

　커피 코스 서비스를 제공하고 있는 곳 중 두바이의 사례가 인상적이다. 두바이는 종교적 이유로 술이 금지되어 있다. 대신 각성 효과가 있는 커피가 큰 인기를 얻고 있다. 술을 마시지 않는 대신 커피를 자주 마시는 것이다. 더치랩의 커피 추출 기구가 두바이에서 많이 팔린다. 사실 아라비카 커피의 종주국이면서 커피 문화의 발생지이자 하루에 9잔의 커피를 마시는 두바이 사람들을 대상으로 커피를 판다는 것은 두바이 사람이 한국에 와서 김치를 팔겠다고 말하는 것과 같다. 더치랩이 커피 종주국 두바이를 사로잡을 수 있었던 이유는 커피를 특별한 문화이자 일상적 경험으로서 해석했기 때문이다.

더치랩의 대표들은 두바이에서 커피를 마시는 사용자들의 페르소나를 만들어서 그 기구들이 놓여 있는 장소는 어떨 것이며, 그 커피를 음용하는 사람들은 어떤 경험을 하게 될 것인가에 대한 상상을 했다. 두바이는 손님이 오면 웰컴 음료로 커피를 내어 주고, 낮은 덥고 밤이 시원하므로 밤에 활동이 많다는 특징이 있다. 이런 문화적 특징들을 고려하여 어떻게 하면 깊은 경험을 줄 수 있을까 고민하다가 커피 자체가 아닌 커피를 마시는 행동을 디자인하게 됐다. 이것이 바로 '커피 코스 서비스'이다. 이러한 성과는 점주와 사용자의 입장에 철저하게 몰입하여 얻은 공감에서 시작되었다. 그들은 심지어 점주와 사용자뿐 아니라 '커피 머신 안의 커피'가 되어 보기도 한다고 말한다.

비즈니스의 원동력

더치랩은 어떻게 위기를 극복해 왔으며, 무엇이 동기부여가 되어 지금의 자리까지 올 수 있었을까. 더치랩의 대표들은 이에 대한 답으로 이렇게 말했다.

> 앞으로 시대와 환경과 삶이 어떻게 될 것인지를 먼저 상상하는 것이 중요한 것 같습니다. 지금 상태로 운영해도 문제는 없겠지만 앞으로는 어떻게 될까? 하는 호기심은 상상으로 연결되고 머릿속으로 계속 그림을 그립니다. 발산형 사고라고 하죠. 말도 안 되는 것 같은 생각도 제약 없이 펼쳐 놓습니다. 그런 그림은 연구로 연결되고 궁극에는 실행으로 연결됩니다.

더치랩 '올-어라운드 스트리밍 음료 시스템'의 현재 버전 역시 '포스트 코로나 시대가 오면서 앞으로는 비대면으로 언제든 전환될 수 있는 시스템이 필요할 거고, 클라우드 시스템이 품질을 보증하게 되지 않을까? 그렇게 되면 환경적으로도 좋지 않을까? 비용이 적게 들지 않을까?'와 같은 상상에서 시작되었습니다. 트렌드를 센싱하는 방법일지도 모르겠네요. 개인적으로 세상에 있는 이런저런 정보를 접하는 것을 좋아하고, 그러다 보니 습득하는 속도도 빠른 것 같아요. 그렇게 계속 정보를 모으고 조합해 나가다 보면 흘러가는 흐름 같은 게 보이게 되는 것 같습니다.

실행하면서 사람들의 피드백을 정말 많이 듣는 것도 동기부여에 도움이 된다고 한다. 안 좋은 피드백은 약이 되고, 좋은 피드백은 그 다음 스텝을 밟을 수 있는 원동력과 힘이 되기 때문이다. 고생을 하더라도 설계를 많이 해 보고 점주, 사용자, 심지어 커피의 입장이 되어서 베타테스트를 하는 것이 중요한 것 같다고 재차 강조했다.

비즈니스의 비전

콜드브루 추출 기구로 시작한 더치랩은 커피 코스와 같은 하이엔드 커피 경험을 넘어서 커피의 미래를 향해 걸음을 내딛고 있다. 미래로 향하는 첫 발자국이 바로 더치랩 카페 IFC몰점이다.

'카페의 본질은 커피가 아니다'라는 생각에서 출발해 카페라는 장소의 본질을 재해석하여 '커피 코스'라는 하이엔드 커피 경험을 만든 것처럼, 커피가 삶에 위치하고 있는 의미를 고민해서 다시 한번 카

더치랩 여의도 IFC몰점

페의 본질을 재해석했다. 커피 코스라는 하이엔드 커피 경험을 만든 것처럼, 커피가 삶에 위치하고 있는 의미를 고민해서 카페라는 장소의 본질을 재해석한 결과이다. 더치랩 여의도 IFC몰점은 오피스 상권 내의 직장인들이 바쁜 일상에서도 고급 경험을 할 수 있도록 디자인되었다.

　더치랩이 다른 카페와 차별화된 고급스러운 맛과 경험을 제공할 수 있는 이유는 앞에서 언급했듯이 '아이오티 기반으로 운영되는 시스템' 때문이다. 이와 같은 시스템을 통해 커피 맛의 항상성을 유지하여 바리스타의 능력과 무관하게 동일한 퀄리티를 제공한다. 심플하고 세련된 공간과 풍미 깊은 커피가 빠른 속도로 내려진다는 점도 고객이 커피를 오감으로 경험할 수 있게 해 주는 요소이다.
　더치랩 카페에는 오감으로 느낄 수 있는 가치를 비롯해 눈에 보이지 않는 또 다른 가치도 녹아 있다. 더치랩은 일반 종이컵이 아닌 단가가 다소 높은 친환경 소재 종이컵을 사용한다. 빨대와 컵 모두 옥수수로 만든 것을 사용해서 분해가 된다. 공장에서 커피를 배송하는 데 쓰인 패키지들은 모두 재활용된다. 그 외에도 모든 활동 하나하나가 지구에 상처 주지 않는 방향으로 시행되고 있다. "환경을 생각하는 것보다 고급스러운 가치는 없다"라는 가치관이 반영된 결과이다.

더치랩이 하는 모든 것들은 '전에는 할 수 없었던, 보다 더 나은 커피 경험'을 선사하기 위한 노력이다. 이러한 더치랩의 비전은 '커피의 미래를 꿈꾸고 고객들에게 충족한 경험을 드릴 수 있는 브랜드'가 되는 것이다.

7가지 디자인 마인드 중 가장 중요한 것

더치랩의 대표들이 꼽은 가장 중요한 디자인 마인드는 '타인 공감'과 '트렌드 센싱'이다.

저는 사회가 변함에 따라 변화되거나 새롭게 생기는 사람들의 니즈를 충족시키면 트렌드로 확장된다고 생각합니다. 운동으로 예를 들어 볼게요. 이전에는 러닝이나 탁구, 배드민턴, 축구 등이 운동의 주를 이뤘다면. 언젠가부터 필라테스, 요가 등 집에서도 할 수 있는 운동이 주목 받으며 레깅스와 같은 전용 운동복이 개발됐습니다. 게다가 필라테스, 요가가 전 세계적으로 인기를 얻는데다가, 운동복과 일상복의 경계가 허물어지면서 레깅스 붐이 일어났죠. 게다가 코로나19로 인해 홈트레이닝 수요가 늘어나면서 레깅스의 인기는 끝도 없이 치솟았습니다. 그리고 이 인기의 중심에는 룰루레몬이라는 브랜드가 있었습니다.

룰루레몬은 사람들이 선호하는 운동의 변화, 필라테스와 요가의 인기가 높아짐에도 이에 적합한 운동복이 없어서 생긴 사람들의 운동복에 대한 니즈를 당시 최고의 스포츠웨어 브랜드인 나이키나 아디다스보다도 빨리 캐치했다. 트렌드를 적절한 타이밍에 캐치한 덕분에 품질 좋은 요가복을 구매할 수 있는 곳은 룰루레몬밖에 없어서 룰루레몬의 상품은 없어서 못 팔 지경이 되었다. 없어서 못 파는 이런 상황은 제조업이나 상품을 판매하는 앙트레프레너라면 모두가 꿈꾸는 상황이다. 두 대표는 이러한 룰루레몬의 성공 원인에 대해서 "룰루레몬의 상품성이 뛰어났던 것도 성장할 수 있었던 이유겠지만, 결정적인 이유는 적확한 타이밍에 트렌드를 캐치하고 니즈를 충족시켜 줬기 때문이라고 생각한다"고 분석했다.

이어서 두 대표는 트렌드를 캐치해야 하는 '적확한 타이밍'의 중요성에 대해 설명했다.

현재 골프가 유행이라고 해서 지금 골프웨어를 만들면 어떻게 될까요. 이미 대부분의 의류 브랜드에서도 만들고 있기 때문에 '독보적으로' 고객의 니즈를 채우기 힘들 것입니다. 그렇다고 어떤 변화를 더 빨리 캐치해서 미리 준비한다고 하더라도 그 변화가 10년 뒤에 올 트렌드라면 10년을 망하지 않고 이겨 내야 합니다. 트렌드를 대중과 함께 읽으면 늦고, 먼저 읽어야 선점할 수 있는데, 그렇다고 너무 일찍 깨달으면 사회에 퍼질 때까지 버텨야 하는 것입니다. 이는 경제적으로나 심리적, 에너지적으로 버티기 힘들 수밖에 없습니다.

그렇다면, 더치랩의 대표들은 어떻게 트랜드를 캐치할까? 그들은 어떤 사업을 하든지 항상 사람들에게 필요한 건 무엇인지, 앞으로 어떻게 변하게 될 것이고, 앞으로 어떤 게 새롭게 필요하게 될 것인지를 생각한다.

세상이 변화하고 발전하는 걸 보는 게 재밌습니다. 그래서 인터넷 서핑을 하면서 끊임없이 찾아봅니다. 그렇게 찾아본 것들을 토대로 미래를 상상하고, 사람들의 일상을 그려봅니다. 그러다 보면 '이런 게 있으면 좋겠다' '나중에는 이렇게 변하지 않을까' '그때는 이런 게 필요할 수도 있겠네'와 같은 생각들로 이어지게 됩니다. 니즈를 예상해 보는 거죠. 니즈를 파악하고 구상할 때 한 카테고리에 한정되지 않도록 신경씁니다. 왜냐하면 니즈는 사람들의 편의를 도와줄 물건뿐만 아니라, 공간과 같은 무형도 있으며 더 나아가 서비스가 될 수도 있습니다. 게다가 사업의 카테고리보다 브랜드 이념이 소비자의 니즈를 채울 수 있으며 이것이 마케팅이나 캠페인에 드러남으로써 사람들의 애정을 얻어 성장할 수 있습니다. 사람들에게 직장과 집이 아닌, 마음 편히 둘 제3의 공간이 필요했고 그걸 캐치한 스타벅스가 성장할 수 있었던 처럼요. 또 다른 예로, 나이키가 있습니다. 나이키는 운동 용품을 파는 회사입니다. 하지만 '운동에 대한 열정, 스포츠 정신에 대한 경의를 표현한다'라는 브랜드 이념을 다수의 마케팅을 통해 사람들에게 선보이면서 운동을 하거나 하려는 사람들에게 심리적 니즈까지 충족시켜 주었고, 그 결과 세계 1위가 되었습니다.

이처럼 두 대표는 스타벅스와 나이키를 예로 들어 소비자의 니즈는 '상품에 한정되지 않았다는 것'을 강조했으며, 이러한 생각을 하고 있어야 성공적으로 트렌드 센싱을 할 수 있다고 설명했다.

두 대표가 트렌드를 적확한 타이밍에 캐치하고 알맞은 대응을 하기 위해서는 '사회 변화 파악'과 '상상하고 몰입해서 니즈를 예측하는 것'의 조화가 필요하다는 것을 강조하고 있다는 것을 알 수 있다. 그렇다면 트렌드를 캐치하고 대응할 '적확한 타이밍'은 어떻게 찾아야 할까? 두 대표는 이를 위해서는 통찰력을 기르는 것이 중요하다고 말한다.

니즈가 파악되면 생각한 것들이 이미 나오진 않았는지, 과거에는 비슷한 게 없었는지 찾아봅니다. 그 후에 동료들에게 얘기한 후 회의를 본격적으로 합니다. 이 일을 진행한다면 몇 년 뒤에 나오게 될지, 세상은 이걸 언제쯤에 필요하다고 생각하고 좋아할지를 계산해 봅니다. 물론 수치적으로 완벽한 계산이 나올 수 없는 것이기 때문에 정확할 수는 없지만 그래도 최대한의 정보와 역사를 끌어모아서 대입한 후, 예측해 보려고 합니다. 이 작업은 너무 늦지도 빠르지도 않게 트렌드에 대응하는 데 도움을 줍니다. 알맞은 빠르기로 트렌드를 알아볼 수 있도록 노력하는 거죠. 다시 말해서 통찰력을 기르는 것입니다.

8장

새로운 시도를
즐기고 끊임없이
문제를 해결하다

줄리아 대표 감영한

창의성
Creating

타인 공감
Empathizing

자신 자각
Self
Discovering

트렌드 센싱
Trend Sensing

본질 정의
Defining

행동 지속
Continuing

협업
Cooperating

기업 소개

기업명/브랜드명 줄리아 朱莉亚
회사 업종 요식업
창립연도 2019년
본사 위치 대한민국 서울시 중구 을지로3가
　　　　　344-9
인스타그램 @julia_euljiro

감영한 대표는 인터뷰를 통해 디자인 마인드 중 특히 타인 공감, 자신 자각, 트렌드 센싱, 본질 정의, 행동 지속을 성공적 기업 운영의 비결로 꼽고 있다.

> **타인 공감** "상권을 찾는 소비자의 심리를 파악" "좋아할 만한 요소를 찾아서 인테리어에 적용"
>
> **자신 자각** "요리와 식당에 관심이 많고 디자인과 미술을 전공했기 때문에 가능했던 사업"
>
> **트렌드 센싱** "평소에 가볼 만 한 곳은 전부 다 돌아다니다 보니 변화하는 상권의 모습을 파악" "젊은 감성에 민감하기 위해 미디어나 MZ세대의 소비 성향을 지속적으로 관찰"
>
> **본질 정의** "음식을 파는 공간을 넘어서 이국적 문화와 감성을 교류하는 공간으로까지 본질을 확장"
>
> **행동 지속** "신메뉴를 개발하고 인테리어 변화에 변화를 주면서 어려운 시기에도 끊임없는 활동" "SNS를 통해 받은 피드백이 동기부여가 되어 연구 지속 "

줄리아는 가구디자인을 전공한 감영한 대표가 2019년 1월에 창업한 퓨전 중식당이며, 지금 '힙지로'라고 불리는 을지로의 인쇄 골목에 위치한다. 당시의 을지로는 지금의 핫한 '힙지로'가 아니었다. 가게를 오픈할 때만 해도 인쇄 관련 공장들과 어르신들이 운영하는 노포 식당들이 있는 허름한 뒷골목이었다. 워낙 낡은 건물이 많아 상가 월세가 비교적 저렴하다 보니 예술하는 감각적인 젊은 친구들이 하나둘씩 모였고, '힙지로'가 된 것이다. 감영한 대표는 작업실 겸 카페, 우리만 아는 아지트 같은 와인바, 요즘 말로 '저세상 텐션을 가진', '힙한' 공간들이 예술하는 작업 공간, 재미있는 가게, 작업실 갤러리 등이 점차 생겨나는 걸 보면서 이쪽으로도 젊은 친구들이 점점 더 많이 찾아오지 않을까, 하는 생각으로 줄리아를 창업하게 되었다고 한다. 그로부터 3년간 을지로는 많은 변화를 겪었다. 새로운 카페, 식당, 바bar들이 을지로에 계속해서 생겨나고 있고, 주말에는 웨이팅 줄이 없는 가게가 없을 정도로 많은 사람이 을지로에 몰리기 시작했다. 줄리아 또한 젊은 사람들 사이에서 인기 있는 '을지로 핫플레이스' 중 하나이다.

비즈니스의 시작

감영한 대표는 대학가에서 호프집도 운영해 보고, 옷을 만들어 인터넷 판매도 해 보면서 새로운 가게를 오픈하고 싶은 마음이 있었다. 그래서 핫한 장소들을 돌아다녀 보기 시작했다. '새로운 나만의 가게'를 오픈하고 싶은 마음으로 익선동, 송리단길 등 핫하다는 동네, 맛집, 카페, 와인바 들을 꽤 많이 다녀 봤다고 한다. 그는 가게 자리를 찾고자 하는 목적도 있었지만 돌아다니면서 보는 걸 워낙 좋아했다. '송리단길'이라는 이름이 붙기 전부터 자주 다녔고 연남동, 익선동 골목에 걷지 못할 정도로 많은 사람이 몰리기 전에 가 볼 만한 곳은 이미 다 가 봤을 정도였다. 그러다 보니 감영한 대표가 찾고자 하는 동네는 '이미 뜬 동네 말고 앞으로 뜰 동네, 뜰 골목'이었다.

　을지로에 매력을 느낀 건 초창기에 자리잡은 몇몇 공간을 방문하면서부터였다. 세 명의 디자이너들이 모여 오픈한 작업실 겸 카페 '호텔수선화', 10명의 친구들이 모여 만든 아지트 같은 와인바 '십분

의일' 등 을지로의 공간들은 각각의 공간이 가진 스토리나 분위기가 그에게 굉장히 독특하고 매력적으로 다가온 것이다. 대중적으로 인기를 끌지에 대한 확신은 없었지만 본인의 공간도 이렇게 독특한 분위기를 지닌 공간이면 좋겠다는 생각으로 을지로를 종종 찾던 중 우연찮게 가게 자리를 얻게 되었다. 그 가게가 바로 '줄리아'이다.

비즈니스 전개 과정

감영한 대표는 요리를 전문으로 해 왔던 쉐프 출신이 아니었기에 메뉴 선정에 오히려 제한이 없었다. 단, 그는 어떤 음식을 팔든지 기존의 것 그대로가 아닌 젊은 감성을 담은 퓨전 음식을 만들고 싶었다. 그러던 중 우리가 알고 있던 중식 요리 메뉴 외에 다양한 고급 중식 요리들이 캐주얼해지는 트렌드를 발견할 수 있었다. 마라 향신료의 맛이 강해서 접근하기 어려웠던 마라 요리는 어느새 누군가에게는 여행지의 향수를 불러일으키고 누군가에게는 호기심을 자극하는 메뉴가 되었으며, 호텔에서만 맛볼 수 있었던 멘보샤, 어향가지, 동파육 등의 고급 중식 요리는 유명 쉐프들을 통해 대중적으로 알려지기 시작했다. 그러면서 고급 중식 메뉴가 캐주얼한 식당에서 저렴하게 판매되었다. 해외여행을 다니는 사람들이 늘어나면서, 해외에서 먹었던 음식들을 국내에서 찾는 사람이 늘어나고, 많은 사람에게 낯설었던 메뉴가 익숙해지기 시작한 것이다.

그 시기에 감영한 대표는 현지 느낌 가득한 고급 중식 메뉴를 캐주얼한 분위기에서 즐길 수 있는 중식 요리주점을 시작해 보자고 결심했다. 일종의 직감이었다. 매장 인테리어나 분위기를 구상할 때는

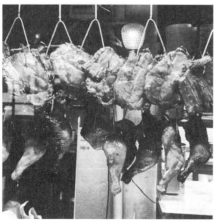

서양에 있는 중식당들을 떠올렸다고 한다. 한국의 중식당은 하나같이 비슷비슷한 동네 중국집들밖에 없는데 런던이나 뉴욕에 있는 중식당이나 아시아 식당들을 보면 오묘하게 동양적이면서도 다른 유럽 레스토랑 못지않게 서양의 세련됨과 모던함이 섞여 있어 굉장히 매력적이었기 때문이다. 그래서 서양에 있는 세련된 아시안 레스토랑의 느낌을 내고자 했다. 인쇄 골목에서 봤던 허름한 골목에 있을 것 같지 않은 화려한 조명과 트렌디한 공간이 펼쳐지면서 여기 다른 나라 같다는 감성을 전달한다. 그러다 보니 줄리아를 방문한 손님들은 보통 '홍콩 뒷골목같다' '홍콩영화의 한 씬을 연출한 거 같다'라고 하면서 80년대 홍콩 영화가 많이 떠오른다는 평을 남긴다. 해외 여행 다녔던 사람들은 중국, 홍콩, 상하이의 화려한 먹자 골목 같은 장소에서 느꼈던 무드를 잠시나마 느낄 수 있다.

퓨전 중식당 줄리아

줄리아라는 이름은 어떻게 탄생하게 되었을까. 감영한 대표는 동양과 서양이 공존하는 분위기를 만들고자 했고, 이름도 촌스러운 서양 여자의 이름인 줄리아를 붙였다. 한문으로 표기하면 '朱莉亞'이다. 중식당인데 이름은 영문이고 표기는 한문으로 해서 반전의 재미를 주고자 했다.

줄리아 로고

코로나 시대를 맞이할 거라고는 상상도 할 수 없었을 때 오픈했지만 코로나로 한창 제한이 많던 힘든 시기에는 이런 이국적인 분위기가 오히려 해외여행을 가지 못하는 사람들의 갈증을 조금이나마 해소시켜 준다는 점이 줄리아의 매력 포인트가 되었다. 이는 줄리아를 '해외에 가지 않아도 이국적인 문화를 경험할 수 있는 가게'로 디자인해야겠다고 생각한 결과이다. 요리나 식당을 운영하는 것에 관심이 많았고 디자이너로 일을 하고 있었기 때문에 디자인과 트렌드에 민감했던 감영한 대표의 장점이 발휘된 것이다. 어떻게 지금의 분위기를 구상할 수 있었는지에 대해 감영한 대표는 이렇게 말했다.

> 완전 중국 현지의 모습을 재현하려고 하지는 않았습니다. 조금은
> 세련되고 트렌디한 공간을 원했기 때문이에요. 미국 LA나 런던의
> 차이나타운을 가 보면 서양 문화가 섞여 있는 중국스러움이
> 느껴지잖아요. 그런 느낌을 의도하고 공간 디자인을 했습니다.
> 특히 홍콩이 영국 식민지였고 서양스러운 느낌을 갖고 있기
> 때문에 홍콩 영화 등에서 인사이트를 얻었어요. 인테리어는 최소
> 비용을 들이기 위해서 직접했습니다. 시작할 때는 어느 정도
> 사업성을 구체적으로 따져 보진 못했기 때문에 투자 금액은
> 최소한으로 할 수밖에 없었습니다. 미술과 디자인을 전공했기
> 때문에 인테리어를 직접 할 수 있었습니다.

그는 2019년 1월에 가게를 오픈하고 일 년 정도는 계속해서 인테리어 장식을 업그레이드하고 조명등, 메뉴판도 추가로 디자인하고 만들고 메뉴도 새롭게 개발하면서 보냈다. 이때 감영한 대표가 기대한 것의 이상으로 많은 손님이 줄리아를 찾았다. 그는 그해 여름에 손님들이 가게 오픈 시간 전에 줄을 서 있는 걸 보며 깜짝깜짝 놀라곤 했다고 한다.

그러나 일 년 후, 코로나를 맞이하면서 줄리아도 힘든 시기를 보냈다. 오픈 후 1년이 되던 해라 가장 활발하게 운영했어야 하는 시기였기 때문이다. 첫해에 어느 정도 좋은 피드백을 받아 조금씩 메뉴와 인테리어도 바꿔 가면서 운영해야겠다고 방향성을 잡은 와중에 코로나 시대를 맞게 되었다. 언론에서는 집밖에 나가지 말라는 뉴스가 쏟아져 나오고 재택근무를 하는 사람들이 늘어나던 시기에는 정말 하루에 손님이 한 팀이 찾아왔다고 한다. 하지만, 을지로라는 상권이 기

본적으로 오피스 직장인들이 출근을 해야만 하는 지역이어서 타격이 적은 편이었다. 이태원, 홍대같이 젊은이들만 많이 모이는 크게 알려진 상권은 아니었던 점도 다행인 요소로 작용했다. 이 점을 위안으로 삼고 견디다 보니 사회적 거리두기 제한이 조금 느슨해지거나 사람들이 답답해 지쳐가는 시기가 되면 쏟아져 나오기도 해서 간혹 숨통이 트이기도 했다. 상권을 상세히 분석하고 가게 위치를 정한 건 아니지만, 이 시기에 유동 인구가 많은 지역의 장점을 깨달았다.

사업을 하다 보면 예측하지 못하는 일들이 벌어지고, 위기가 또 다른 기회가 되기도 한다. 앞에서 소개했듯이 가게를 계약하고 오픈할 때까지만 해도 이 골목길이 운이 좋게도 '힙지로'라는 이름이 붙여지고 '힙한' 동네가 될 거라고 생각하지 못했던 것처럼 말이다. 앞에서 언급했듯이 감영한 대표는 줄리아를 시작할 당시에 주말에 젊은 사람들이 많이 찾아올 거라고 확신을 가지고 시작하지 않았다. 그럼에도 젊은 세대들에게 인기를 얻을 수 있었던 비결은 무엇이었을까. 그는 유동인구가 많고 모임을 갖기 좋은 위치, 호기심을 자극하는 중국 요리, 이국적인 인테리어와 분위기 등을 인기 비결로 꼽았다. 시대의 흐름에 어느 정도 맞는 장소, 메뉴, 인테리어 컨셉을 잡아 소비자가 원하는 포인트를 맞췄던 것이 성공의 비결이었던 것이다. 그는 식당이라면 당연히 맛있는 음식을 제공하는 공간이어야겠지만, 지금은 워낙 맛있는 식당이 너무나 많다 보니 맛뿐 아니라 시각적으로 매력적인 공간, 이왕이면 인생 사진 한 장쯤은 남길 수 있는 매력적인 공간에서 모임을 가질 수 있게 한 것이 차별화 포인트가 되었던 것 같다고도 덧붙였다.

을지로는 유독 골목길 안 건물 4~5층, 꼭대기층에 있어도 찾아오는 사람들이 많다. 길을 다니다 보면 핸드폰을 들고 두리번거리는 젊은 사람들을 많이 볼 수 있다. 요즘 젊은 세대는 인스타그램, 페이스북 등 SNS 미디어를 통해 본 사진에서 매력적이라고 느끼는 공간은 낡은 건물에 위치한 카페나 레스토랑이라도 찾아간다. 심지어 스산한 느낌이 들 정도로 말도 안 되는 위치의 낡은 건물 위에 있는 카페나 바를 찾아가는 여정을 모험하고 오히려 즐기기도 한다. 대로변이 아닌 을지로는 카페나 갤러리 임대료가 저렴한 골목 안 길에 위치하고 있어도 재미있는 콘셉트가 있는 순간 소비자들은 찾아가게 되고, 그 여정 역시 중요한 고객 경험이 된다.

이러한 측면에서 SNS 홍보의 힘을 무시할 수 없는 시대가 되었다. 감영한 대표는 인스타그램은 이 시대의 자영업자가 가장 쉽고 저렴하게 가게를 홍보할 수 있는 수단이라고 강조했다. 특히, 점점 성장해 가고 있는 줄리아에게는 SNS보다 좋은 홍보 수단은 없는 것이다. 소액으로 광고를 할 수 있는 강력한 마케팅 툴로써 인스타그램은 줄리아의 성장에 엄청나게 큰 영향을 주었다.

그는 이미 40대 중반이고 MZ세대가 아니기에 SNS 활동을 열정적으로 하는 세대가 아니며, 인스타그램 개인 계정에는 사진 한 장 올라와 있지 않지만, 줄리아 가게 계정에서는 신메뉴 출시나 가게의 이벤트를 알리고 지속적으로 고객과 소통할 수 있도록 노력하고 있다. 가게를 오픈하고 초반에는 무료로 가게를 알릴 수 있는 수단은 인스타그램밖에 없었다. 그는 을지로에 방문하는 혹은 근처에 있는 사람들이 줄리아에 한 번쯤은 꼭 방문해 주면 좋겠다는 생각으로 #을지로 #을지로맛집 #을지로3가 등의 해시태그가 달린 게시물에 '좋아요'를 누르기 시작했다. '좋아요'를 누르면 상대가 누군지 궁금해서라도 줄리아 계정에 들어와 보기 때문이다. 오픈 이후 일 년 정도는 매일매일 하루도 빠짐없이 #을지로 해시태그만큼은 빠짐없이 '좋아요'를 눌렀으며 #을지로 해시태그된 게시물만 지금 찾아보니 70만 개 정도 된다고 한다. 그러자 고객들이 관심을 보이기 시작했고 '좋아요'를 눌러 주고 맞팔로우를 하고 댓글을 달아 주기 시작했다. 감영한 대표는 이러한 고객들의 반응에 힘입어 더 열심히 홍보를 하고 운영을 했다고 한다.

그렇다면 그는 '좋아요'를 누르는 것 외에 어떻게 인스타그램을 활용하고 있을까. 우선, 비즈니스 계정을 통해 소액 광고를 꾸준히 한다. 그는 자영업자에게 이보다 더 효과적이고 가성비 좋은 광고툴은 없을 거라고 다시 한번 강조했다. 개인 자영업자는 새로운 메뉴가 나오거나 예약 관련 공지를 할 때 TV나 신문같은 매체를 활용하기가 힘들기 때문이다. 예전에는 전단지를 많이 돌렸지만 이제는 모두가 스마트폰을 가지고 있으므로 SNS 홍보로 그 효과를 얻을 수 있는 것이다.

감영한 대표는 인스타그램의 소액 광고 기능뿐만 아니라 게시물도 활발히 활용하고 있다. 그는 줄리아의 공식 인스타그램 계정에 메뉴 소개, 가게 인테리어 사진을 꾸준히 업로드하고 있으며, 가게에서 뮤직비디오나 광고를 찍는 등의 크고 작은 이벤트와 관련된 게시물도 활발히 올리고 있다. 가게와 관련된 모든 소식이 콘텐츠가 되는 것이다. 감영한 대표는 소비자들에게 줄리아가 계속해서 노출될 수 있도록 끊임없이 노력하고 있다. 이러한 노력에 보답이라도 하듯이 많은 사람이 줄리아의 콘텐츠에 관심을 보였다. 초반에는 10명 중 2~3명은 인스타그램을 보고 줄리아를 찾았다고 한다.

SNS 활용에 익숙하지 않았던 감영한 대표가 이렇게 할 수 있었던 이유는 요즘 세대들에게 인스타그램에 사진과 동영상을 올리는 것은 당연한 생활 중 일부라는 것을 감지하고 이러한 미디어를 적극적으로 활용해야겠다고 방향을 설정했기 때문이다. 그는 더 나아가서 좋아요 개수나 댓글의 개수를 통해 고객들의 반응을 적극적으로 살핀다. 그에게 좋아요와 댓글은 고객들이 어떤 걸 좋아하고 어디를 찾아가는지 등을 읽을 수 있고 앞으로 나아가야 할 방향성을 잡는 데 좋은 리서치 자료가 되어 주는 것이다.

이러한 노력 덕분에 지난 줄리아는 창업을 시작한 년도보다 3년이 지난 현재에 더 높은 매출을 기록하고 있으며 직원 수도 예전보다 더 늘었다고 한다.

줄리아에서 촬영한 뮤직비디오 장면

위기 및 극복

감영한 대표는 코로나로 인해 사회적 거리두기와 영업시간 제한이 있던 시기가 가장 힘들었다고 한다. 갑자기 영업시간이 9시로 제한되어 버리고 제한이 풀리는가 싶으면 또다시 제한이 걸리고 들쭉날쭉한 상황 속에 당장 다음 주도 계획할 수 없는 상황이었던 것이다. 하지만 그는 언제 끝날지 모르는 이 상황 속에서 그냥 시간만 흘려보낼 수는 없다고 생각했다.

　밤 9시 이후 영업시간이 제한되면 영업할 수 있는 시간에 최대한 해 보자는 생각에 점심 메뉴를 개발하고 점심 영업을 시도했다. 영업시간 제한이 풀리면 약속을 잡고 모임을 하고자 하는 사람들이 쏟아져 나왔기에 그때를 대비해서 신메뉴 개발도 하고 좀 더 기반을 다지는 시간으로 활용하려고 노력했다. 지금은 완전히 제한이 풀려 정상 영업을 할 수 있지만 불과 두 달 전까지만 해도 그 시기에는 앞을 내다볼 여유를 갖기는 쉽지 않았다. 그래도 지나고 보니 큰 수익을 남길 수 있었던 것은 아니지만 그는 점심 영업도 시도해 보고 신메뉴도 개발하며 끊임없이 대안을 모색하려고 노력했기에 어려웠던 기간 동안 지치지 않고 견딜 수 있었던 것 같다고 말했다. 또한 좌절하고 절망하느라 시간을 보내지 않은 것만으로도 큰 수확이라고 생각한다고 한다.

비즈니스의 비전

감영한 대표는 줄리아와 같은 콘셉트와 메뉴로 다점포화할 계획은 없다고 한다. 을지로라는 장소적 특성을 살리고, 공간의 개성을 강점으로 갖고 있기 때문이다. 대신 새로운 도전을 하고 싶다고 한다. 일식, 양식 등 다른 아이템으로 또 다른 콘셉트의 레스토랑을 만들어 확산하고 싶고, 더 나아가서는 지역의 특색을 반영한 독특한 개념의 베이커리, 카페도 운영해 보고자 하는 생각을 하고 있다고 전했다.

7가지 디자인 마인드 중 가장 중요한 것

감영한 대표는 7가지 디자인 마인드 중 가장 중요한 것으로 본질 정의, 트렌드 센싱, 행동 지속을 꼽았다.

> 어떠한 형태의 기업을 운영을 하든지 그 업종이 가지고 있는 본질적인 부분을 충족시키는 것은 단연 기본이라고 생각합니다. 또한, 본질을 갖추고 있되 시대와 맞지 않는다면 또한 대중의 긍정적인 호응을 얻기는 어렵기에 시대의 흐름에 맞고 트렌드를 반영하며 대중의 공감을 얻을 수 있는 것 또한 핵심이 됩니다. 아무리 창의적이고 트렌드를 앞서는 아이템을 가지고 새로운 사업을 시작했다고 한들 지속적으로 이끌어 가지 못한다면 의미가 없습니다. 그렇기 때문에 지속해 나갈 수 있는 의지와 행동 지속성 또한 기업가와 창업가가 갖추어야 할 핵심이 되는 역량이라고 생각합니다.

9장

오리지널리티를 추구하며 진심을 다하다

KHJ STUDIO 대표
김현주

창의성
Creating

타인 공감
Empathizing

자신 자각
Self
Discovering

트렌드 센싱
Trend
Sensing

본질 정의
Defining

행동 지속
Continuing

협업
Cooperating

기업 소개

기업명/브랜드명 김현주 스튜디오 KHJ
STUDIO
회사 업종 제조업
창립연도 2013년
본사 위치 대한민국 경기도 파주시
제품 출시 국가 한국, 미국, 독일, 프랑스 외
10여 개국
홈페이지 http://www.khjstudio.com/
인스타그램 @khjstudio

김현주 대표는 디자인 마인드 중 자신 자각, 트렌드 센싱, 본질 정의, 행동 지속의 중요성에 대해 인터뷰를 통해 밝히고 있다.

자신 자각 " 내가 뭘 하고 뭘 잘하는지 찾는 것이 중요" "내가 좋아하는 것을 해야 오래도록 지속"

트렌드 센싱 " 늘어나고 있는 공예 중심의 디자이너 브랜드 트렌드가 사업하는 데 동기부여"

본질 정의 "브랜드를 운영함에 있어 방향성을 확실하게 성하고 본질을 잃지 않는 것이 수십 년간 브랜드를 이어갈 수 있는 힘"

행동 지속 "지속적인 피드백을 받아서 발전시켜 나간다" "주변에 같은 분야의 사람들과의 네트워킹도 중요"

김현주 스튜디오KHJ STUDIO는 조각, 설치 및 공예 기반의 라이프 스타일 제품을 만드는 곳이다. 자연 소재로 만든 작품을 통해 자연의 아름다움과 공예의 가치를 보여 주고자 하며 주로 돌과 한지를 주요 소재로 한 작업을 하고 있다. 2019년 친환경 생분해 접시 브랜드 플러스네이처를 런칭하였으며, 자연을 담은 작품에서 나아가 환경을 생각하는 브랜드 제품으로 영역이 확장되고 있다. 미국 캘빈클라인, 미국 더 네스The Ness Group, 아난티 호텔, 웨스틴 조선 호텔, 렉서스, 신세계 백화점, SK 그룹, 코오롱건설, 한샘, 오롬, 프린트베이커리를 비롯한 여러 기업들의 프로젝트를 진행했었다. 김현주 스튜디오의 제품은 미국, 영국, 독일, 프랑스, 스위스, 네덜란드, 스페인, 이탈리아, 일본, 홍콩, 싱가포르, 태국, 대만 등 여러 나라에서 판매되고 있다.

김현주 스튜디오 석재 그릇

비즈니스의 시작

김현주 대표는 처음부터 회사를 차린다거나, 국제적으로 사업을 할 생각이 뚜렷하게 있던 것은 아니었다. 그렇다고 회사에 취업하고 싶은 생각이 있었던 것도 아니었다. 그러던 중 우연히 석재를 소재로 한 전시 코디를 할 기회가 찾아왔다. 이후 김현주 대표는 한국의 석재연구소에서 일을 하면서 돌을 재료로 작업을 하기 시작했고, 돌로 제품을 만드는 일이 좋아져서 2009년에 본격적인 개인 작업을 하게 되었다. 그동안 이런저런 소재를 많이 써 봤지만, 돌이 주는 매력이 있었다고 한다. 또한, 당시 우리나라에는 석재를 사용한 작품이 거의 없었기 때문에 석재를 사용한 제품으로 2013년부터 개인 브랜드를 시작하게 됐다. 이후 한지 상품 경연대회 나가면서 한지 트레이를 제작하게 됐고, 2014년도부터 지금까지 판매하고 있다.

이처럼 김현주 스튜디오에서는 돌과 한지와 같은 자연 소재로 제품을 만든다. 김현주 대표는 자연을 원래 좋아하고 디자인 영감도 자연에서 받는다. 그렇기에 환경적인 부분, 지속가능한 방법으로 생산하고 있다. 패키지 플라스틱 사용은 거의 하지 않고 재생지 및 종이를 사용하며 재활용이 용이하도록 코팅 없이 제작한다.

비즈니스 전개 과정

김현주 대표는 제품 디자인을 전공한 디자이너다. 김현주 스튜디오의 제품은 디자이너 메이커인 것이다. 디자이너 메이커란 디자이너스스로가 제품을 기획하고 제작하는 브랜드이다. 최근 몇 년간 디자이너가 만든 브랜드들이 늘어났다. 이러한 트렌드 현상이 김현주 대표에게 어느 정도의 동기부여와 용기를 주었다고 한다.

김현주 대표는 제품을 개발함에 있어 주변의 의견을 묻는 걸 굉장히 중요하게 생각한다. 사람들이 좋아하는 걸 만들어야 잘 팔리는게 사실인데, 디자이너가 사람들의 의견과는 상관없이 자신이 만들고 싶은 걸 해서 시장 진입에 어려움을 겪는 경우를 종종 보았기 때문이다.

같은 맥락으로, 김현주 대표는 제품 개발 과정에서 프로토타입을 많이 만든다고 말했다. 주변 친구들을 만날 때 들고 다니며 어떻게 생각하는지 반응을 살피고 개선할 점이 있다면 반영하고 디자이너 전공자가 아닌 사람들의 의견도 많이 듣고자 노력한다고 한다. 김현주 대표는 이렇게 디자인, 생산, 소비자 반응 등을 고려하여 여러 차례 시제품을 만들어 왔다.

이처럼 주변의 의견을 반영하며 제품을 계속해서 개발하기 때문에 대리석이나 나무로 된 소품부터 한지 제품, 오트잎 접시까지 다양한 제품들이 탄생하게 되었다.

처음에는 제품이 실패하였을 때 발생하는 위험 부담을 피하기 위해 금형, 초도 생산 물량 등을 확보하기 위한 초기 투자비용이 많이 드는 대량생산이 아닌 좋아하는 자연 소재를 활용해 직접 만드는 다품종 소량생산을 택했다. 이것이 곧 브랜드의 방향성이 되었다. 절묘하게도, 최근 대량생산 제품보다는 자연친화적인, 공예적인 제품에 대한 소비자의 관심이 높아졌다. 사업 리스크를 줄이고, 본인이 좋아하는 것을 하기 위해 택한 방향이 트렌드와 잘 맞물린 것이다.

그러다가 브랜드를 운영한 지 4년 차쯤 되었을 때, 자연에서 영감을 받아 자연 소재로만 제품을 만들다 보니 친환경적인 부분도 크게 다가와서 생분해 접시를 개발하게 되었다. 오크잎 접시는 비닐 코팅 없이 펄프를 고온·고압으로 성형하여 만드는 종이 접시이다. 이는 김현주 대표의 첫 번째이자 유일한 대량생산 제품이다. 투자금이 높아서 걱정이 많았지만 예쁜 친환경 일회용 접시가 국내에 없어서 도전을 했고 성장할 수 있는 기회가 될 수도 있어서 진행하였다. 다행히, 결과물에 대한 시장 반응이 좋았고 지금까지 꾸준하게 판매하고 있다. 이 제품을 통해 규모 있는 회사와도 프로젝트를 함께하기도 했다.

그러나, 김현주 스튜디오가 종이 접시 시장으로 진입했을 때 중국이 이미 펄프 제품 시장에서 높은 기술력으로 경쟁력 있게 자리 잡고 있었고, 북유럽의 세계 1위의 펄프 회사는 물론 국내의 지류 중견기업에서도 친환경 종이 접시 시장에 관심을 갖고 진입하려고 움직이

김현주 스튜디오 오크잎 접시

기 시작했다. 김현주 대표는 이러한 상황에서 가격경쟁력을 갖추기가 힘들겠다는 판단이 들어 추가 모델 개발을 보류하고 있다고 한다.

비즈니스의 비전

김현주 스튜디오는 자연 소재natural material, 수공예hand-crafted, 전통 tradition, 독창성originality 등 김현주 대표가 고집하는 키워드를 반영하여 더욱 다양한 제품을 계속해서 개발하고 있다.

김현주 대표가 처음 택한 방향성은 다품종 소량생산이었지만, 한지 트레이, 한지 노트 등 한지 제품을 출시하게 되고, 생분해성 종이 접시인 오크잎 접시 제품을 출시하게 되면서 점점 대량생산으로 확대되고 있었다.

하지만 처음이자 마지막으로 대량생산을 해 본 후 대리석 및 나무 접시, 한지 트레이 추가제품, 한지파우치, 한지부채 순으로 개발하면서 다시금 다품종 소량생산의 길을 걷게 되었다.

소재에 집중하여 제품을 개발하다 보면 한계점을 느낄 때가 있다. 한지, 대리석, 나무 등의 소재로 접시를 만들면 사용성 측면에서 제약이 따르는 것이다. 한지는 생활방수 정도만 되니 마른 음식이나 물건만 담을 수 있고 대리석은 무겁기도 하고 관리를 잘해서 쓰지 않으면 스크래치나 이염 등이 쉽게 발생하고 나무는 식품안전성이 있는 천연 오일을 바르다 보니 완벽한 코팅이 되지 않아 사용자가 주기적으로 오일을 바른다든지 관리가 필요하다. 김현주 대표는 이러한 불편한 점들 때문에 제품들이 더 많은 소비자를 만나기에는 제약이 있다고 생각했다. 그래서 예전부터 관심있던 도자기 제품으로 영역

김현주 스튜디오의 나무 접시와 한지트레이

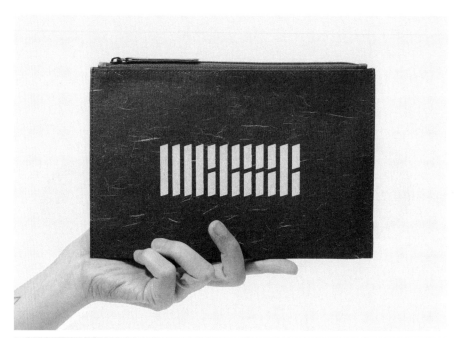

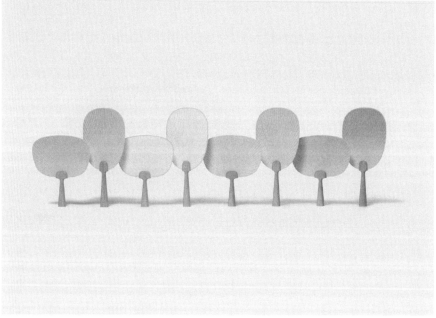

김현주 스튜디오의 한지 파우치와 한지 부채

을 확장하기로 했다. 원래는 해외 일정이 많았었는데 팬데믹 상황으로 한국에 있는 시간이 늘어나면서 도자기 공부를 시작했다.

2021년 하반기부터 도자기 제품을 만들기 시작했고, 현재는 작은 수저받침을 출시했다. 도자기 제품은 처음이라 이 제품을 처음 전시에 들고 갔을 때 판매가 될까 걱정을 했다고 한다. 그러나 김현주 대표의 걱정과는 달리 본격적인 판매가 시작되기 전인데도 꽤나 많은 수량이 판매가 되었다. 이를 계기로 역시 테이블웨어 제품군에 실용적인 부분이 정말 중요하다는 것을 깨달았다고 한다. 김현주 스튜디오에서는 도자기 접시와 컵도 런칭할 예정이다.

7가지 디자인 마인드 중 가장 중요한 것

김현주 대표는 7가지 디자인 마인드 모두 중요하다고 생각한다고 밝혔다. 브랜드를 운영하면서 7가지 모두 고려하고 있기 때문이다. 하지만 그중에서도 자신 자각, 본질 정의, 행동 지속을 가장 중요한 마인드로 꼽았다.

그 이유는 "자신이 무엇을 좋아하고 잘하는지를 알아야 즐겁게 일할 수 있고 위기가 닥쳐도 극복할 수 있다고 생각하기 때문"이다. 또한 "돈을 많이 벌기 위해 이런저런 방향을 탐색할 수도 있겠지만 브랜드를 운영함에 있어 방향성을 확실하게 정하고 본질을 잃지 않는 것이 수십 년간 브랜드를 이어갈 수 있는 힘이 될 것 같다"라고 설명했다.

김현주 대표가 생각하는 디자인 마인드는 기업이 만들고 있는 제품, 혹은 서비스에 독창성을 추구하고 진심을 담아 만드는 것이다. 진심을 다해 만든 제품은 소비자에게도 그 마음이 전해진다고 생각

하기 때문이다. 진심을 다하기 위해서는 본질을 잃지 않아야 한다고
재차 강조했다.

또한, "사업을 하며 힘든 일이 닥쳐도 너무 좌절하지 않고 용기
를 내서 해결할 방법을 찾아 지속해 나가지 않는다면 살아남는 브랜
드나 기업이 있을까요? 사업을 결심하였다면, 지치는 일이 있더라도
지속할 수 있는 마음가짐을 갖고 임해야 해야 할 것 같아요"라고 하
면서 행동 지속의 중요성도 언급했다.

김현주 대표는 마지막으로 디자인으로 창업을 하고 싶은 사람들
에게 '스스로 무엇을 하고 싶고 잘하는지' 찾으라고 당부했다.

내가 뭘 하고 싶은지 뭘 잘하는지 찾는 것이 중요한 것 같습니다.
학생이라면 30살까지는 이것저것 해봐도 괜찮은 것 같아요.
디자인 창업을 해서 장기적으로 지치지 않고 이어가기 위해서는
스스로가 좋아하는 일이어야 합니다. 본인이 좋아하는
일이면서도 잘할 수 있는 일을 찾으시길 권유드립니다.
주변에 같은 분야에 있는 사람들과의 네트워크도 중요하다고
생각합니다. 서로 다 힘들 때 어려움을 이야기하며 위로도 하고
응원이 될 수 있도록 하시는 것도 좋습니다. 비슷한 분야의
창업자들과 모임을 하시는 것을 추천합니다.

스타트업
디자인 씽킹

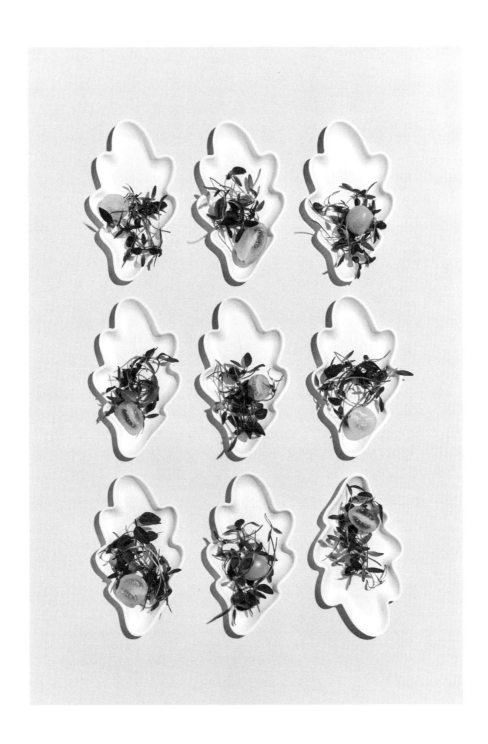

10장

위기를 기회로 보고
실행하다

제리백 대표 박중열

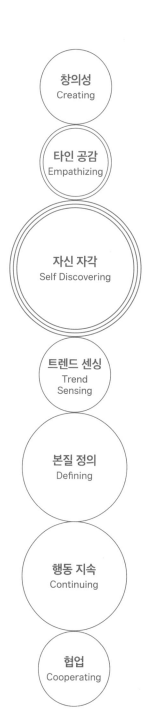

창의성
Creating

타인 공감
Empathizing

자신 자각
Self Discovering

트렌드 센싱
Trend
Sensing

본질 정의
Defining

행동 지속
Continuing

협업
Cooperating

기업 소개
_____

기업명/브랜드명   제리백
회사 업종   도소매 제조 서비스/디자인 서비스
창립연도   2014년 2월 (국내 법인 설립일은
2014년 7월11일)
본사 위치   서울시 종로구 율곡로 283 5층
504호
제품 출시 국가   한국, 미국, 우간다
홈페이지   www.jerrybag.com
인스타그램   @jerrybag.official
페이스북   https://www.facebook.com/
gojerrybag/

박중열 대표와의 인터뷰를 통해 그가 디자인 마인드 중 특히 타인 공감, 자신 자각, 본질 정의, 행동 지속을 실천하고 있음을 알 수 있다.

타인 공감 "우간다의 문제를 확인하기 위해 직접 가서 생활" "현지 사람들과 함께 만들고 테스트를 하며 발전"

자신 자각 "어떤 걸 해결하기 위해서는 내가 가장 잘하는 것을 활용" "자각으로부터 시작되면 난관과 어려움은 행복을 위해 극복하는 요소"

본질 정의 "기존의 해결책이 왜 문제인지에 대한 깊은 고민"

행동 지속 "행동으로 연결된 결과물에 대한 긍정적 피드백이 원동력" "내가 하고 싶은 것을 했을 때 쏟게 되는 노력"

제리백은 어디서나 안심할 수 있는 세상을 만드는 디자인 회사이다. 제리백 브랜드는 2014년 아프리카 우간다에서 생명의 근원인 물을 불편하고 위험하게 운반하는 우간다 아이들을 위한 제품을 지역 여성과 함께 만들며 시작했다. 아프리카의 현지 재료와 지역 여성의 기술을 고려한 지역에서 만들 수 있는 안전하고 튼튼한 가방 디자인을 연구하며 직접 생산할 수 있는 스튜디오를 우간다에서 운영 중이다. 제리백은 소비자들의 삶에 맞게 재료와 디자인을 수정하고 있으며, 우간다 자체 생산뿐만 아니라 한국에서도 주문자 생산 방식으로 생산하면서 글로벌 사업을 하고 있다.

비즈니스의 시작

박중열 대표는 제품디자인을 전공했고, 2011년경 핀란드에서 약 4년 정도 지속가능한 디자인Creative Sustainability에 대한 공부를 했다. 그때 핀란드에서 만난 우간다 사람의 영향으로 유니세프 프로젝트에 관심을 가지게 된다. 우간다 아이들을 위한 문제를 발견하고 해결하기 위해 우간다에 방문하게 되었다. 깨끗한 물을 마실 수 있도록 조달된다고 알려져 있던 라이프 스트로우, Q드럼 등은 찾아보기 힘들었으며, 있다고 해도 모든 케이스에 적용되기가 어렵다는 현실을 보게 된다.

라이프 스트로우의 경우, 우간다에 직접 가보니 지형과 지역에 따라 지급 상황이 다른 데다가 라이프 스트로우 사용법 자체가 너무 어려웠다. 처음에는 버려져 있는 라이프 스트로우를 보고 지역주민들에게 '왜 버리는 건지' 이유를 물어봤다. 알고보니 성인 남성이 사용하기에도 힘들기 때문에 다 버리고 간 것이다. 라이프 스트로우를 사용하면 다이어트가 된다고 할 정도다. 이는 박중열 대표가 지속가능한 아이템을 만들기 위해서는 지역의 사람들과 환경이 고려되어야 하고, 단기간에 누군가가 낸 단편적 아이디어로는 지속가능한 아이템이 나올 수 없다는 것을 깨닫게 된 계기였으며, 지속가능한 디자인이 되려면 '지역의 문제를 지역사람들 스스로 해결해 나가도록 해야 한다'라는 생각을 하게 되었다.

박중열 대표는 우간다에서 다시 핀란드로 돌아와서 앙트레프레너십을 부전공으로 선택하여 본격적으로 스타트업을 하기 시작했고, 2014년에 우간다에서 창업을 했다. 그가 이 일을 한국에서 시작하지 않은 이유는 너무 많은 초기 자본이 필요했기 때문이다. 몇 년 후에 초기 자본을 받을 기회가 생겨서 한국으로 기지를 옮겼다.

비즈니스 전개 과정

박중열 대표는 우간다에서 물을 운반할 때 도구 없이 머리에 지고 이동하는 모습을 많이 목격했다. 무거운 물을 머리에 지고 다니다 보니 아이들의 척추에 문제가 생기는 건 흔한 일이었고, 무엇보다 머리 위에 있는 물 때문에 시야가 가려져서 교통사고도 많이 일어난다는 것도 현지인 인터뷰를 통해 알게 되었다, 박중열 대표는 현지인 인터뷰를 통해 그곳에 거주하시는 분들의 고충과 문제점이 어떤 것인지 오랜 시간 동안 이야기를 나눴다.

그는 어떻게 해결할 것인가 고민하다가 자신이 가장 잘할 수 있는 것을 활용하기로 한다. 제품디자인 전공을 살려 디자인을 이용해

우간다에서 물을 운반하는 아이들

서 물 운반 문제를 해결하기로 한 것이다. 문제는 우간다에서는 디자인을 하는 사람을 구할 수 없었고 디자인 스튜디오도 없었다는 것이다. 박중열 대표는 그럼에도 직접 우간다에 스튜디오를 차리고 현지인들을 대상으로 디자인을 가르쳤다. 그는 특히 남들이 쓰지 않는 새로운 가공법이나, 잘 모르는 소재를 활용해서 만드는 것을 좋아하는데, 현장의 재료들을 쓰기 위해 시장을 정말 많이 돌아다녔다. 박중열 대표는 자신이 우간다 사람보다 우간다 시장을 더 많이 알았을 것이라며 당시를 회상하며 말했다. 나중에는 일을 가르쳐서 디자이너를 고용하려고 만든 스튜디오가 학교처럼 되어 버렸다. 돈을 주지 않아도 괜찮으니 자기에게도 재봉틀을 가르쳐달라고 오는 친구들이 생겼기 때문이다.

제리백 디자인랩은 현지 디자이너를 양성한다

스타트업
디자인 씽킹

" DESIGN SIMPLE BAGS "
** Payment for sewing machine worker is needed.

Jerrybag design lab does not make any profit from this deisgn workshop.

JERRY
BAG and
DESIGN
LAB.

우간다에 있는 제리백 디자인 랩

비즈니스의 원동력

그는 우간다에서 디자인 스튜디오를 운영하면서 아프리카에서 제품을 만들어 보는 모든 프로세스를 전부 다 경험했다. 우간다 사람들과 함께 하는 것이 행복했고 정말 열정으로 르완다와 케냐를 오가며 처음 해 보는 도전 같은 걸 계속 시도했다고 한다. 아마 남들이 하는 걸 해야 하는 것이었다면 재미가 없었을 것 같다고 덧붙였다. 아무도 해 보지 않은 것을 한다는 즐거움이 스스로에게 동기부여가 되었다고 한다.

처음에는 제리캔을 잘라 가방을 만들어서 현장 사람들과 같이 만들고 매고 다니면서 물을 운반할 수 있도록 하는 것이 목표였다. 그 지역은 여성과 어린이들이 물을 나르기 때문에, 여성과 어린이들이 무거운 물을 운반해야 하는 문제를 해결하기 위함이었다. 좋은 의도로 생각한 일이었지만, 우려하는 점도 있었다. 현지인들의 노동을 부각시키는 것이 실례가 될 수도 있어서 조심스러웠던 것이다. 하지만 다행히도 다들 너무 좋아해 주셨다고 한다.

제리백을 메고 지나가면 어린이들이 따라오기도 하고, 한번은 제리백을 메고 다니다가 사진작가의 눈에 띄어서 우연히 인연을 맺기도 했다. 이 인연으로 프랑스 메종드오브제에 제리백을 전시를 하게 되었고 유럽 바이어들에게 가방을 팔라는 제안을 많이 받았다. 이런 긍정적인 피드백들이 박중열 대표가 지속적으로 사업을 할 수 있는 원동력이 되었다.

제리백 디자인 스튜디오에서 함께 일하는 사람들

비즈니스의 비전

박중열 대표는 제품을 디자인할 때 본질에 충실하려고 노력하고 있으며, 일회성에 그치는 제품이 아닌 지속가능한 가치를 지닌 제품을 디자인하고자 한다. 우간다에 있는 사무실은 디자인 랩의 역할을 한다. 이 연구센터는 16명의 현지분들로 구성되어 있고 아동 기부 가방을 만들고 있다. 하지만 우간다 디자인 랩은 기부 제품을 주로 만들기 때문에 수익구조가 약하다. 그래서 최근에는 마스크를 만들어서 시장 판매를 가능하도록 하고 있다. 마스크는 비영리 단체의 요청으로 제작해서 마스크가 필요한 지역에 전달하는 방식으로 납품한다. 전기도 자주 나가는 환경이지만 이제는 어느 정도 운영 매뉴얼을 가지고 있는 상태로 발전했다. 박중열 대표는 이 디자인 랩을 훗날 디자인 학교로 만드는 것이 목표라고 말한다.

이제는 우간다 주민들이 자신의 친척들, 딸들을 디자인 랩에 데리고 와서 일을 가르쳐 달라고 합니다. 그렇게 찾아오면 자투리 재료를 활용하여 Beginner-Middle-Upper 단계별로 일감을 주면서 일을 가르쳐 주기도 하고 일정 비용을 주기도 합니다.

이처럼 배우면서 돈을 벌 수 있는 'Learning is Earning'이 우간다 디자인 랩의 특징이다. 공장과 같은 분업이 아니라 한 제품을 한 사람이 온전히 만드는 시스템이어서, 하나의 제품이 곧 하나의 작품이 된다는 의미도 있다. 박중열 대표의 최종 목적은 이를 '사회적 혁신'이라는 키워드를 대표하는 소셜브랜드로 발전시키는 것이다.

7가지 디자인 마인드 중 가장 중요한 것

김현주 대표와 마찬가지로 박중열 대표 역시 7가지 디자인 마인드 중에 중요하지 않는 내용은 없다고 말했다. 하지만 특별히 한 가지를 고르라면 자신 자각이라고 생각한다고 말했다.

본인이 어떠한 가치를 실현하기 위해 창작하는지, 창작 과정에서 어떤 점에 흥미를 느끼는지를 정확하게 알게 되면 나머지는 본인의 행복을 위해서 극복해야 하는 요소가 될 것입니다. 다시 말해, 자신이 원하는 창작물이 다른 사람을 위한 아이템이라면 굳이 누군가를 억지로 돕기 위한 아이템을 찾으려고 하지 않아도 되고, 시대의 흐름을 읽으려고 하지 않아도 되고, 본인의 본질에 더욱 충실하게 될 것이며 그런 일을 즐겁고 신나게 할

팀을 찾으려고 할 것이기 때문입니다. 당연히 자신이 관심이
있고 행복할 수 있는 일을 하기 때문에 그 일에 관심을 더 많이
쏟을 테고 그 안에서 누구보다 전문가가 될 것이니 창의력은
자연스럽게 높아질 것이라고 판단됩니다.

이처럼 박중열 대표는 자신 자각이 확실하게 된다면 나머지 능
력은 자연스럽게 따라오게 된다고 말한다. 그는 '본인이 즐겁고 행복
한 일을 하는 것'이 중요하다고 재차 강조했다.

무엇보다 자신의 인생도 한 번입니다. 누구를 위한 희생의 삶도
고귀하지만 내 인생도 한 번이라는 것은 누구도 부정할 수
없다고 생각합니다. 본인이 즐겁고 행복한 일을 해야 후회가
없을 테니까요.

5 LNGREDIENTS
5 SOLUTIONS

HYDRATION
GREEN TEA

PORE SOLUTION
VOLCANIC

TROUBLED SKIN
BIJA

BRIGHTENING
TANGERINE

EARLY SIGNS OF AGING
ORCHID

HYDRATION

11장

성장, 도전,
공헌하는 사람이
모여 공동체를
만들다

디자인애피타이저
샐러드 대표
김지연, 이승은

창의성
Creating

타인 공감
Empathizing

자신 자각
Self Discovering

트렌드 센싱
Trend Sensing

본질 정의
Defining

행동 지속
Continuing

협업
Cooperating

기업 소개

기업명/브랜드명 디자인애피타이저샐러드
회사 업종 VMD(Visaul Merchandising),
시각디자인, 공간디자인
창립연도 2005. 02. 21
본사 위치 서울시 강남구 남부순환로 2726
(도곡동) 거북빌딩2층
제품 출시 국가 한국, 미국, 중국, 유럽, 인도,
러시아, 캐나다, 동남아
홈페이지 www.dpsalad.com
인스타그램 @dpsalad_vmd

스타트업
디자인 씽킹

디자인애피타이저샐러드(이하 샐러드)의 김지연, 이승은 공동대표와의 인터뷰를 통해 그들이 가진 디자인 마인드 가운데 특히 협업, 트렌드 센싱, 자신 자각을 디자인에서 실천하고 구현하고 있음을 알 수 있었다.

협업 "사업파트너는 비즈니스의 관계를 뛰어넘어야 하며 그러기 위해 최대한 많은 대화를 해야 하고, 문제가 있다면 바로 해결하는 것이 중요. 이것은 모든 인간관계에서도 마찬가지일 것" "요즘같이 재택근무도 많고 복잡한 시대에는 협업하는 이들과 잘 협의하고, 그들의 능력을 요구되는 부분에 잘 쓰일 수 있도록 조율하는 것이 무엇보다 중요"

트렌드 센싱 "디자인도 사업도 트렌드에 민감해야 한다. 속도를 따라가기가 힘들더라도 변화에 유연한 마음으로, 포기하지 않는다면 모든 순간이 성장하기 위한 시간이라는 것"

자신 자각 "기간을 정해 자신이 할 수 있는 능력의 최대치를 끝까지 결과물로 만들어 내 볼 것. 그 과정에서 자기도 모르는 자신을 발견하게 되며, 이는 진짜 자신을 알아가는 방법"

샐러드는 VMD 전문회사이다. VMD는 V(Visual 시각화) + MD (Merchandising 상품계획)의 약자로 매장의 핵심인 상품을 중심으로 디스플레이, 그래픽, 인테리어 등 매장의 구성요소들을 상품의 콘셉트에 맞게 혹은 더욱 돋보일 수 있도록 시각적으로 기획하는 일을 말한다. 즉, 상품을 고객에게 어떻게 전달할 것인가를 기획하여 브랜드, 매장, 상품 등을 고객과 시각적으로 커뮤니케이션 할 수 있도록 디자인하는 일이다. 또한 상품과 조닝zoning의 다양한 연출기법을 적용하여 고객의 구매의욕을 일으키는 시각디자인 전략이기도 하다.

샐러드가 기획하는 VMD는 두 가지 방향으로 공간을 해석한다. 첫째로는 매장 내 프로모션 디자인으로 조닝 개발을 통해 고객들과 소통하는 VMD이고, 둘째로는 VMD를 SI(Store Identity)개념에 중점을 두고 공간을 디자인하는 일이다. 공간디자인이 큰 구조의 레이아웃을 풀어내는 방식이라면, VMD는 브랜드와 매장, 상품과 상품스토리를 상업 공간에 디테일하게 녹여 내는 작업이다. 이 작업을 통해 고객들이 브랜드를 체험하고, 쇼핑의 즐거움을 경험하며, 상품 구매까지 이어질 수 있도록 하는 시각적인 작업들을 끊임없이 연구하고 있다.

샐러드는 이러한 연구 과정에서 그들에게 축적된 VMD 경험을 바탕으로 개발한 'VMD 연출요소 기반의 매장디자인 연출시스템 및 그 방법(2017)'이라는 기술의 특허를 인정받았다. 그들이 VMD 연구에 얼마나 진심인지, 그들의 경험을 통해 얻은 노하우를 짐작할 만하다. 이 특허 기술은 VMD 연출 요소를 기반으로 매장 공간을 분석하고 그 결과물을 기초 데이터로 삼는다. 이 데이터를 공간 기획 프로세스에 따라 VMD로 풀어내는 기술이 샐러드만의 노하우이다. 이 시스템이 잘 가동되기 위해서는 VMD팀, 그래픽팀, 인테리어팀, 제작팀 등 각 부서의 유기적 업무협력이 필요하다.

비즈니스의 시작

김지연, 이승은 두 대표는 대학 선후배 사이이기도 하고, 창업 직전 같은 회사에서 코스메틱 VMD, 패션 VMD를 각각 맡았기에 협업할 기회가 많았다고 한다. 평소 함께 알고 지내던 지인의 소개로 외주 아르바이트 VMD 작업을 할 기회가 있었는데, 각자 퇴사한 후에도 그 일이 계속 이어졌고 계산서를 발행해 달라는 요청에 엉겁결에 사업자등록증을 만들게 되었다. 의견이 잘 맞았던 둘은 별 고민없이 의기투합하여 지금의 '디자인애피타이저샐러드'를 시작하게 되었다.

2005년, 그들의 첫 작업실은 무보증금 고시원 꼭대기 층이었는데, 책상 두 개가 들어가면 꽉 차는 크기였다. 두 대표는 그들이 좋아하는 디자인을 자유롭게 할 수 있다면 뭐든지 해낼 수 있을 것이라는 젊은 패기가 전부였던 때였다고 한다. 다만 디자인을 제외한 경영, 재무, 세무, 영업, 시스템 등은 무지한 상태였고, 열정만 넘쳐났던 시기였기에 매 순간이 모험이고 도전이었다.

김지연 대표는 어릴 때부터 평면을 보고 있으면 머릿속에는 입체가 그려졌다고 한다. 김대표는 다른 사람들보다 입체물을 좀더 쉽게 받아들였기에 대학 진로를 고민할 때 조소과를 희망했으나 앞으로 상업적인 디자인이 대세가 될 것이라는 아버지의 권유로 시각디자인을 선택하게 되었다. 아버지는 시각디자인, 즉 보이는 모든 것에 관련된 일이라면 호기심 많고 평범한 발상을 거부하는 그녀에게 잘 맞을 것이라고 생각했다. 대학 진학 후 재료와 공간에 대한 관심이 더욱 깊어져 과제 대부분을 입체로 제출하였고 시즌마다 변하는 백화점의 윈도우만 보면 가슴이 두근거렸다. 김대표는 예술의 전당 무대 디자인 팀 아르바이트로 시작해, 졸업 후 유아복 1위 업체였던 B사 디스플레이팀 입사, 유명 향수회사의 디스플레이팀으로 이직, 그리고 지금에 이르기까지 VMD 분야에서 일을 하고 있다. 김대표는 좋아하는 것, 잘하는 것을 따라갔을 뿐인데 모든 일이 자연스럽게 지금까지 이어졌다고 한다.

이승은 대표는 청소년기에는 특별히 잘하는 것도 꿈도 없어서 많이 방황하였다고 한다. '내가 직장인이 된다면 어떤 일이 재미있을까', '매일 똑같은 일을 하는 건 지루할 것 같아', '언제나 새로운 일을 했으면 좋겠어' 이 정도 단순한 생각으로 주변을 돌아보았다. 가장 강력하게 눈에 들어온 것은 항상 새로운 창작물을 만들어 내는 디자이너였다. 첫 전공은 섬유디자인이었지만 점차 데코레이션, 실내장식으로 관심을 옮기게 되었다. 이후 시각디자인학과로 편입하여 관심 분야였던 디자인을 더 폭넓게 접하게 되었다. 대학 때 틈틈이 VMD 관련 아르바이트를 시작으로 속옷회사, 백화점, 패션회사의 VMD 부서로 이어지며 꿈에 그리던 디자인을 맘껏 펼칠 수 있었다.

직장 다닐 때 누구나 한 번쯤 슬럼프가 오죠. 잘하는 일과 좋아하는 일은 다른 건가, 나는 잘하고 싶은데 좋아하는 것과 재능은 다른 거구나, 하며 자괴감에 빠지기도 합니다. 저는 그 시간이 지나고 보니, 그때의 슬럼프는 한 단계 성장하기 위한 정체기였던 것 같아요. 성장은 계단식으로 이루어지는데 우리는 그것을 모르고 자신을 의심하며 다른 곳을 기웃거리고 싶어해요.

두 대표는 한 목소리로 자신이 의심스럽고 잘 모르겠다고 생각될 때, 기간을 정해 자신이 할 수 있는 능력의 최대치를 끝까지 결과물로 만들어 내보라고 조언했다. 그 과정에서 자기도 모르는 자신을 발견하게 되며, 이는 진짜 자신을 알아가는 방법이라고 덧붙였다. 직원들 중에서도 이 슬럼프의 시간을 잘 견뎌낸 사람은 정말 많이 성장해서 전문가 수준의 디자이너가 되었다고 한다.

김지연, 이승은 두 대표의 성격과 성향은 많이 다르지만 두 사람 모두 대학 때부터 자기가 진정 좋아하는 일이 무엇인지 탐색한 끝에 VMD에 도달했던 사람들이기에 서로가 잘 통했다. 이러한 근성이 프로젝트가 주어지면 힘을 모아 일를 해내고 마는 저력이 된 듯하다. 이들이 샐러드를 시작할 때만해도 미래에 관한 분명한 목표와 계획이 있었던 것은 아니었다. 그저 좋아하는 디자인을 마음껏 할 수 있으면 만족했고, 전 세계 어디든 새로운 디자인, 멋진 디자인을 찾아다니는 것이 창업 즈음 두 대표의 꿈이었다.

> 사람들은 이렇게 오랜 시간 별탈없이, 게다가 늘 유쾌하게
> 일하는 우리 두 사람을 두고 희귀한 사람들이라고도 하고, 혹
> 자매가 아니냐고 묻기도 해요.

그 중 가장 많이 받는 질문은 싸우거나 갈등이 없냐는 것이다. 그러면 그들의 대답은 늘 하나다. 우리는 서로에게 부족한 부분을 채워 주는 관계이다.

어쩌면 이것은 믿음이자 의지에 가깝다. 각자 부족함이 많음을 인정하고 서로에게 그만큼 필요한 존재가 되어주었다. 두 사람이 사업파트너로 오랜 기간 함께 할 수 있었던 팁을 다음과 같이 말했다.

- 서로의 다름을 인정하는 것
- 상대의 장점을 더 부각시켜 주는 것

- 내가 정답이 될 수 없음을 받아들이는 것
- 무한한 신뢰와 서로를 응원해 주는 것

너무 당연한 말들 같지만 사실이다. 사업파트너는 비즈니스의 관계를 뛰어넘어야 오래 함께 할 수 있다고 했다. 최대한 많은 대화를 해야 하고, 문제가 있다면 바로 해결해야 한다. 이것은 모든 인간 관계에서도 마찬가지일 것이다.

비즈니스 전개 과정

'디자인애피타이저샐러드'라는 회사명은 VMD에 대한 그들의 인식과 의지를 가득 담고 있다. 레스토랑에서 메인요리를 먹기 전에 입맛을 돋우는 애피타이저처럼 VMD는 고객이 상품을 만나 즐거운 쇼핑을 하기 위한 공간 애피타이저 역할을 한다는 것이다.

샐러드 창업 초기, 회사가 어려워지고 몸과 마음이 힘들 때마다 궁극적으로 어떤 회사를 만들고 싶은지 그들만의 비전과 목표를 만들어야만 했다. 목표가 있어야 그 시간을 버틸 수가 있다. 그들은 상품을 파는 공간이라면, 그 곳이 어떤 공간이더라도 고객의 마음을 움직일 수 있는 'VMD 컨설팅' 회사를 비전으로 삼았다. 판매가 부진한 매장에 샐러드의 VMD로 숨을 불어넣어줄 수 있다는 상상만으로도 너무 보람되고 행복한 작업일 것이다. 'VMD 컨설팅'과 'VMD 디자인'의 차이점은 기획의 주체가 누구에게 있느냐는 것이다. 두 대표는 VMD 기획의 주체가 고객사가 아니라 샐러드가 되는 것을 목표로 정했다.

당시에는 VMD 외주업체에게 VMD 기획이나 컨설팅을 맡기지 않았던 때이다. 더군다나 갓 창업한 디자인회사에게 VMD 기획이나 컨설팅일이 주어질 리가 없었다. 샐러드는 실망하지 않고, 작게는 상품 프로모션부터 매장 테스터대, 시즌 디스플레이까지 일의 규모를 따지지 않고 경험을 차곡차곡 쌓아갔다. 이에 반해 VMD 제작은 매번 어려움을 겪었다.

제작을 포함한 VMD 의뢰가 들어올 경우 제작 수량이 너무 적어 디자인이 끝나도 소량으로 제작해 줄 제작실을 찾기가 어려웠다. 그러나 포기하지 않고, 긴 수소문 끝에 찾은 제작실에 첫 인사를 하러 갔다. 가족기업으로 운영하던 제작실 사장님은 제작에 대해 미숙하여 더욱 긴장했을 두 대표를 따뜻하게 맞아 주었다. 샐러드는 제작에 관련해서는 새내기임을 고백하고 공장에서 숙식을 하면서라도 진심으로 배우겠다고 했다. 다행히 제작실 사장님은 대표들을 어리고 경험 없는 젊은이들이라고 무시하기보다는 작은 수량의 샘플이나 오브제 만들 때마다 꼼꼼히 설명해 주시며 제작해 주었다.

2010년대 초반부터 K-뷰티의 인기가 꾸준히 상승하여 화장품 업계에도 큰 호황을 누리게 되었다. 이에 샐러드도 뷰티 브랜드들과 꾸준히 협업하며 VMD 프로젝트를 진행하였다. 이는 제작실과 샐러드가 함께 윈윈하며 크게 성장할 수 있는 계기가 되었다. 회사를 운영하다 보면 협력업체와 갑을의 입장에서 만나게 되는데, 갑을을 넘는 상생 관계로 발전시키고 유지해 나가는 것은 샐러드 직원들에게도 회사의 중요한 마인드임을 강조하고 있다.

2012년 국내 대기업의 화장품 회사인 I사는 첫 중국 진출을 앞두고 인테리어와 협업으로 디자인 입찰(비딩)을 진행하였다. 샐러드로서는 글로벌 진출의 첫 기회이기도 하고 국내 상위를 달리고 있었던 I사를 고객사로 맞이할 수도 있는 기회이기도 했다. 무엇보다 고객사 중 고정 대기업이 거의 없던 시기였다. 두 가지 기회를 동시에 잡기 위해 사활을 걸고 승부를 봐야한다고 생각했다. 샐러드는 그만큼 절박했으므로 시간과 인력을 총동원했다. I사의 프로젝트를 위해 결과도 대가도 알 수 없는 채로 제품 콘텐츠 개발, 조닝 개발, POSM(Point of sale material) 등 수십 가지 디자인 시안을 들고 매주 본사와의 미팅을 반년 가까이 하였다. 결국 샐러드는 I사의 글로벌 VMD 디자인 업체로 선정이 되었고, 그 후로도 미국·중국·유럽·인도·러시아·캐나다·동남아에 있는 매장의 VMD 디자인을 성공적으로 진행하였다. 무엇보다 샐러드가 그토록 원하던 I사의 국내 전국 가맹점 VMD 디자인을 지속적으로 진행하게 되는 결과까지 얻게 되었다.

해외 VMD 수출은 생각보다 만만치 않았다. 국내 VMD 기획, 디자인은 고객사와 바로바로 커뮤니케이션으로 업무를 진행하는데 어려움이 별로 없었으나 해외 VMD는 해외 매장, 국내 본사, 샐러드 세 곳이 동시에 소통을 해야 했으므로 진행이 간단치 않았다. 또한 각 나라의 문화, 시즌, 언어를 고려한 디자인을 고민해야 했고, 완성 제작물이 발송되는 경우 물리적으로 수정이 불가능하고, 해외 배송 시 제작물이 파손이 되지 않도록 디자인과 제작, 포장에 더욱 신경을 써야 했다. 직접 해외로 출장을 가서 세팅까지 하는 경우도 있었지만 몇몇 국가들은 국내에서 도면을 보내 현지 제작을 해야 했기 때문에 도면과 사양을 그 나라 언어로 번역해야 했다.

I사 코스메틱 뉴욕플래그십 아일랜드 VMD

일은 복잡하고 어려웠지만 이 시점부터 디자인 기획비에 대한 고객사들의 인식도 높아졌고, 샐러드의 자신감도 높아졌다. 뿐만 아니라 샐러드가 진행했던 VMD 프로젝트를 보고 연락해 오는 고객사가 하나 둘 생겨나기 시작했다.

2016년 K기업에서 화장품 신규 브랜드 런칭을 앞두고 진행한 디자인 입찰에 참여한 적이 있다. 주로 규모가 큰 인테리어 회사들이 참여하는 자리였는데 샐러드는 그들이 목표로 삼았던 VMD 컨설팅을 시작할 수 있는 기회라고 생각했다. K기업의 대표와 이사진들이 주목하는 사업에 VMD 컨설팅을 전략적으로 부각시킨 샐러드의 제안이 채택이 되어 전국 지점에 오픈이 되었다. 전문 인테리어 회사들 사이에서 샐러드는 VMD 디자인 실력 하나로 승부를 걸었고, 인정

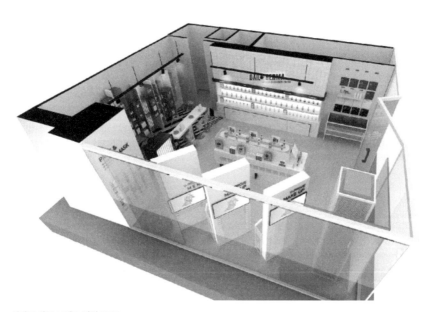

화장품 신규 브랜드 런칭 VMD

을 받았다. 그 프로젝트로 샐러드 인테리어팀은 메인 상권에 플래그십스토어를 오픈시키느라 정신없는 시기를 보냈지만 샐러드가 또 한 단계 성장하는 계기가 되어 주었고 그 후 국내 최고 드럭스토어인 올리브영 VMD를 진행하는 데 큰 발판이 되어 주었다.

2017년 화장품 브랜드인 A사가 첫 런칭할 때 면세점 팝업스토어건으로 네 명의 공동대표가 샐러드를 찾아왔다. 그 당시 샐러드는 뷰티업계를 리드하고 있는 I사, D사의 VMD를 진행하고 있었는데 이 두 브랜드의 VMD가 인상 깊었다며 면세점 팝업스토어의 VMD 디자인을 의뢰하고 싶다고 했다. 그 대표들의 제품디자인이나 VMD에 대한 열정은 여느 대표들과는 남달랐다. 그런 A사 대표들의 열정을 보면서 샐러드를 창업할 당시 제작실 사장님 앞에서 간절했던 그들의 모습이 오버랩 되었다. 그때의 심정으로 진심 응원하고 싶었다. 본사와 함께 브랜드를 스터디하고 타사와 차별화된 것들을 뽑아 VMD를 기획해 팝업스토어를 오픈했다. 면세점 팝업스토어는 3개월 동안 신규 브랜드들이 모여 경쟁 구도로 운영이 되었는데, A사 매장은 다른 매장에 비해 브랜드 아이덴티티가 가장 돋보였고, 고객들의 반응도 좋았다. 당연히 매출도 높았다. 그 결과 면세점 정식 입점이라는 멋진 결과를 얻게 되었다. 좋은 마음으로 시작된 A사와의 인연은 지금까지 업계에 좋은 성적을 내어 준 덕분으로 샐러드의 메인 고객사로 관계를 이어가고 있다.

이제 샐러드는 국내 유명 브랜드들과 오랜 시간 협업한 포트폴리오들이 쌓여 업계 디자이너들에게 샐러드의 디자인 작업물들이 레퍼런스가 될 정도로 성장하였다. 미팅 때 샐러드의 VMD 디자인을

I사 제주하우스 체험공간 VMD

D사 올리브영 윈도우 VMD

스타트업
디자인 씽킹

A사 코스메틱 팝업스토어 VMD

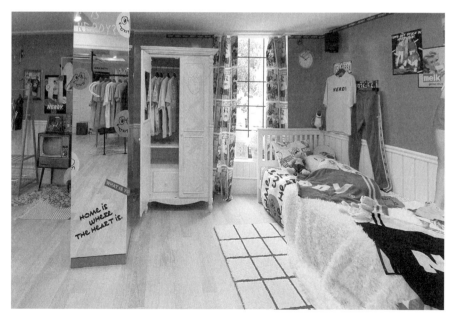

패션브랜드 조닝 VMD

통신사 언텍트스토어 VMD

기억하고 알아보는 사람들을 어렵지 않게 만나곤 한다. 꾸준히 최선
을 다해 쏟아 부은 열정이 만들어 낸 결과라고 생각한다.

위기 및 극복

회사원이라면 누구나 막연하게 자기만의 사업에 대해 상상을 한다.
사업을 하면 단순하게 내가 좋아하는 일을 하면서 윗사람 눈치도 안
보고 시간적 자유와 돈도 버는 그런 아름다운 그림을 그리면서 말이
다. 샐러드도 예외는 아니었고, 여지없이 깨졌다. 흔히 말하는 사업계

획서도 없이 시작한 사업이니 병아리가 알에서 나와 갑자기 거대한 세상에 마주한 기분이었다. 회사에서 찍어 준 명함과 직함이 방패가 되어 얼마나 나를 보호해 주고 있는지 직원으로 일할 때는 알 수 없었다. 사업이란 방패는 물론이고, 계급장까지 모두 다 떼고 홀로 서야 한다. 수없이 넘어지면서도 냉혹한 경쟁에서 살아남아야 하고 쓰러지더라도 다시 설 수 있는 힘도 있어야 한다. 초기 3년은 일년이 10년 같은 심정으로 매일 녹초가 되도록 일을 했다. 지금의 시스템이 만들어지기 전까지는 디자인의 완성도는 물론이고 회사 운영도 미흡할 수밖에 없었다.

여러 문제 중 가장 풀기 어려웠던 것은 'VMD 디자인'이라는 생소한 분야에 대한 정당한 평가 즉, 디자인 비용이었다. 다른 분야도 마찬가지이겠지만, 사업적 판단과 창의적인 디자인을 함께 갖추어야 하는, 더구나 사람들에게 낯선 시장을 개척해야 하는 VMD 분야에도 쉽지 않았다. 초기에는 디자인 비용을 인정하지 않은 회사들이 대부분이었다. 검증도 되지 않은 신생회사가 디자인비를 요구하는 것은 더욱 쉽지 않았다. 샐러드는 경력과 포트폴리오가 필요했기 때문에 일을 의뢰해 주는 것만으로도 감사하다 생각했다. 그래서 매번 디자인하느라 밤을 지새우지만 제작비로 운영비를 충당해야 하는 상황에 회사는 시간이 갈수록 더욱 어려워졌다. 열정만으로 버텼다. 경리, 재무에 대한 이해도, 학습도 없이 견적서나 계산서만 발행하는 것으로 운영할 수 없다는 것을 한참 지나서야 알게 되었다. 회사는 매일 일이 넘쳐나는데 운영비가 돌아가지 않았다. '열심히 하면 돈은 따라오겠지'라고 줄곧 생각했던 것이다. '뭔가 잘못되었구나' 하는 자각의 시간은 좀 늦게 왔다. 그제서야 계산기를 하나하나 눌러 보며 문제를 찾아냈다.

디자인 회사의 디자인 인건비는 제작비 안에 포함되기에는 턱없이 부족했다. 디자인비를 그 당시 기준 최소 20% 이상은 청구를 해야 한다는 것을 알게 되었다. 모든 고객사에게 디자인비 청구 공지메일을 보냈다. 그간 청구하지 않았던 비용인지라 내심 어렵게 공지를 하였는데 샐러드의 생각과는 달리 고객사들은 디자인 비용을 두말없이 인정해 주었다. 어찌 보면 면밀히 따지지 않고, 짐작으로 생각하고 그동안 청구하지 않은 손해를 감당하면서 운영한 그들 자신의 잘못이었다. 호된 경험을 해야 했다.

미흡한 회사운영으로 자금이 막혀 대출 외에는 어찌해 볼 수 없는 시급한 시점이었는데 어떤 은행을 가도 대출을 해 줄 수 없다고 하였다. 두 대표는 회사를 만들며 만약 지인이나 친척들에게 손을 빌려야 할 정도로 어려운 때가 오면 회사 문을 닫자고 약속했다고 한다. 그때가 된 듯하였지만 그렇다고 이대로 주저앉을 수가 없었다고 그 때의 일을 회상한다.

둘은 마지막 희망이라고 생각하고 신용보증기금을 찾아가 감정에 호소하기로 했다. 막무가내로 찾아 갈 수 없으니 회사 소개서와 과거, 현재, 미래의 플랜을 꼼꼼히 작성해 신용보증기금 팀장 앞에서 간절한 마음으로 프레젠테이션을 했다. 담당팀장은 샐러드의 프레젠테이션을 묵묵히 듣고는 대기업 일을 한다고 사업이 보장되는 것은 아니다. 대기업 일을 하고도 망하는 회사를 많이 봤다. 회사일을 열심히 한다는 것도 알겠고, 앞으로 비전이 있다는 것도 알겠지만 기업신용의 범위를 벗어났기 때문에 대출은 불가능하다고 했다. 항상 전략적으로 일을 분산시켜 회사를 운영해야 한다는 충고까지 하였다.

땅이 꺼지는 듯한 심정이었지만 누구를 탓할 수도 없고 무력함에 부끄러울 뿐이었다. 사무실로 돌아오면서 어떻게 되든 정신 똑바로 차리고 이 위기를 뚫고 가보자 했다. 이것 또한 기회가 아닐까 하는 막연한 말로 서로를 다독였다. 그런데 일주일 뒤 신용보증기금 팀장님에게서 전화가 왔다. 그날 두 대표의 간절한 눈빛이 잊히지 않아 도움을 줄 방법을 찾았다고, 적은 금액이라도 괜찮다면 대출이 가능할 것 같다고 했다. 그저 감사할 뿐이었다. 절대 불가능하다고 했던 상황이더라도 간절한 사람들에게는 행운이 주어지는구나. 2천만 원의 대출을 2억 원의 값어치로 쓰며 그때 위기를 잘 이겨낼 수 있었다고 한다.

위기는 돈이었고, 해결 방안은 정당한 비용이었다. 이 둘은 비슷한 시기의 일이다. 흔히 말하는 위기가 기회라는 말, 그 말 그대로이다. 사업을 오래 했다고 해서 능숙하거나 유능해지는 것이 아니며 위기는 항상 성장의 기회가 되어 주었고 변화의 순간을 맞이하게 해 주었다는 것이 그들이 세월과 맞바꾼 소중한 통찰이었다. 그 안에 함께하는 직원, 재무, 시스템, 디자인, 트렌드, 고객사 취향, 사회적 이슈 등 끊임없이 눈과 귀를 열어 놓고 감각을 키워가야 했다. 그때 이후로는 다시는 같은 상황을 맞지 않기 위해 외부의 전문 컨설팅을 만나 샐러드의 부족한 부분을 지원받고, 의견을 구하는 일에 시간과 비용을 아끼지 않게 되었다고 전한다.

비즈니스의 비전

김지연, 이승은 두 대표는 19년 동안 회사를 함께 운영해 왔다. 처음 시작할 때 VMD가 세상의 전부인듯 좋았지만 사업이 힘들고 어려울 때마다 능력치를 의심하며 부정적으로 바라본 적도 있었다. 큰 욕심을 가지고 시작한 사업이 아니라 더욱 그랬다. 그럼에도 불구하고 이 긴 시간들을 버틸 수 있었던 이유에 대해 두 대표는 "우리의 능력이 출중해서는 결코 아니다"라고 했다. 힘들고 어려운 순간마다 샐러드를 찾아 주는 고객사가 있었고, 도와주는 고마운 분들이 계셨고, 자기 회사인 것처럼 열심히 일해 주는 샐러드 식구들이 있었다. 이 모든 것이 샐러드의 큰 자산이자 동기부여가 되어 준 것이다. 또한, 수많은 시행착오를 거치며 깨닫게 된 것은 정말 힘든 순간이 와도 힘든 것이 아니며, 정말 성공했다고 하는 순간도 성공이 아니라는 걸 알게 되었다고 한다. 디자인도 사업도 트렌드에 민감해야 한다. 속도를 따라가기가 힘들더라도 변화에 유연한 마음으로, 포기하지 않는다면 모든 순간이 성장하기 위한 시간이라는 것이다.

코로나19를 겪으면서 우리 사회가 그랬듯 매장 VMD를 하는 샐러드도 무척 힘든 시간을 보냈다. 그 기간 동안 샐러드는 밖에 나가지 않고 온라인으로 쇼핑을 하는 고객들과 어떻게 VMD로 소통할 수 있을지에 관한 고민을 시작하였다. 당시 직접 매장을 방문할 수 없는 상황과 소통을 향한 사람들의 욕구가 맞물리면서 라이브커머스 시장이 폭발적으로 성장하였고 기업과 고객들의 주목을 받았다.

오프라인 매장을 가지 못하는 고객들을 위해 쇼핑의 즐거움을 줄 수 있는 창구가 라이브방송 VMD라는 생각에 샐러드는 '비주얼 라이브 샐러데이'를 론칭하였다. 이를 통해 다양한 상품을 매주 한

번씩 소개했다. 이때 VMD뿐만 아니라 콘텐츠 개발, 영상 편집, 촬영, SNS 홍보, 쇼호스트까지 모두 직접 했다고 한다. 샐러드는 라이브커머스를 통해 고객과의 소통, 브랜딩을 위한 VMD, 새로운 콘텐츠 개발, 테스트를 반복하며 온라인 시장의 고객들의 반응을 살펴볼 수 있었다.

수개월 동안 매주 만들어낸 결과물들은 각 분야의 전문가들에게 라이브 방송에서 찾기 어려운 차별화된 콘텐츠라는 평가를 받기도 했다. 누군가는 VMD 디자인 회사가 라이브커머스에 도전하는 이들을 무모하다고 생각할지도 모른다. 물론 쉬운 시장은 아니었고 결과적으로 보면 매출이 성공적인 것도 아니었지만 수개월간의 실험적인 프로젝트를 통해 샐러드가 얻은 무형의 성과가 생각보다 컸다. 이 기간 동안 샐러드는 고객들이 항상 접하는 온라인 쇼핑몰을 어떻게 입

라이브커머스 샐러데이

체적으로 표현하고 연출할 것인지를 더 깊이 고민해 볼 수 있었기 때문이다.

포스트 코로나 고객들은 이제 온라인과 오프라인의 경계가 없이 자유롭게 넘나들며 쇼핑을 하고 체험하는 일이 익숙해졌다, 이렇게 세상은 다양한 방식으로 소통하는 창구를 만들어낸다. 또 개성과 취향으로 사람들이 움직이고 모인다. 디자인도 좋고 나쁨이 없는 취향의 시대가 되었다. 이를 통해 제품도 매장도 계속 변해 갈 것이다.

최근에는 이 같은 움직임에 브랜드가 지향하는 가치를 고객들의 니즈에 맞춰 제품의 정체성과 개성을 자유롭게 보여 줄 수 있는 팝업스토어가 인기다. VMD 컨설팅 회사가 되고자 했던 샐러드의 초기 비전에 가장 잘 부합하는 일이기도 한 팝업스토어는 요즘 샐러드가 한창 작업하고 있는 프로젝트 중의 하나다.

라이브커머스와 팝업스토어 프로젝트를 진행하면서 온라인과 오프라인, 브랜드와 개인, 제품뿐만 아니라 SNS를 통해 개인도 브랜드가 되고 홍보를 하는 개인 브랜딩 시대로 확대되어 가고 있다. 샐러드는 '상업공간 VMD로 축적된 노하우를 활용하여 개인에게 적용하는 퍼스널 VMD를 한다면 사람들에게 어떻게 제안해 볼 수 있을까'라는 질문을 시작으로 신규 프로젝트를 구상 중에 있다. 샐러드는 기존 기업 고객을 위한 브랜드 VMD에 이어 개인 고객, 개인 공간을 위한 VMD를 어떤 상품으로 제안할지 매일 즐겁게 아이디어 회의를 하고 있다고 한다.

P사 코스메틱 팝업스토어 VMD

7가지 디자인 마인드 중 가장 중요한 것

김지연 대표는 7가지 디자인 마인드 중 협업이 가장 중요하다고 말
했다. 프로젝트를 진행할 때 각자의 능력들이 모여 가장 효율적으로
결과물을 낼 수 있기 때문이다.

> 회사를 운영하는 것은 혼자 일하는 것과는 좀 다르다고
> 생각합니다. 회사를 운영할 때 가장 중요한 부분은 '협업' 혹은
> '함께' 할 수 있는 시스템이 갖춰져 있느냐인 것 같습니다.
> 샐러드에는 디자이너가 있을 뿐입니다. 생산 공장이 따로

없고 큰 회사도 아니라 늘 한계가 존재합니다. 그래서 하나의
프로젝트를 맡았을 때 가능한 부분과 가능하지 않은 부분을
파악하여 직원, 협력 업체, 전문 프리랜서 등 필요한 인력을
적재적소에 배치하고, 프로세스를 정리해서 정해진 기한 내에
완벽하게 완성하는 것이 중요하다고 생각합니다. 마치 축구장의
감독처럼, 방송국의 피디처럼 말이죠.

모든 것을 갖추고 일할 수는 없다. 요즘같이 재택근무도 많고 복
잡한 시대에는 협업하는 이들과 잘 협의하고, 그들의 능력을 요구
되는 부분에 잘 쓰일 수 있도록 조율하는 것이 무엇보다 중요하다.
VMD의 많은 프로세스 중 어느 단계라도 삐걱대면 그 프로젝트는
성공하지 못할 것이고, 어쩌면 세상에 나오지도 못할 것이다. 그래서
김지연 대표는 이 일에서 가장 중요한 부분을 협업(팀 워크)이라고 생
각하고 이 부분이 원활하게 잘 운영되도록 가장 힘쓰고 있다.

이승은 대표는 프로젝트의 지속적인 실행 과정은 회사의 방향성
과 동시에 자신을 알아가는 좋은 기회가 되기 때문에 행동 지속과 자
신 자각이 중요하다고 말했다.

어떤 사업이라도 마찬가지겠지만 VMD 비즈니스도 매 순간
선택과 집중입니다. 될까 말까, 이럴까 저럴까, 우유부단할
여유가 없습니다. 왜냐하면 다음 단계에서 결정해야 일들이
공장의 트레일러처럼 계속 밀려오니까요. 수년 동안 회사를
운영하면서 선택의 순간이 오면 빠른 결정과 실행하는 작업을
반복했습니다. 선택을 했다면 집중하여 바로 실행하고, 그것이
아니라고 생각되면 빠르게 내려놓는 것입니다. 이러한 선택과

실행의 반복을 통해 기업은 자신의 경험과 기준을 수정 보완하여 다양한 문제를 해결해 갈 수 있는 데이터를 갖게 됩니다.

이러한 지속성이 주는 단단함 속에 우리는 한 단계씩 성장해 가는 과정이라고 생각합니다. 이것은 개인적으로는 '자신 자각'을 하게 해 주기도 하고, 회사의 입장에서는 사업의 경험과 노하우를 쌓게 해 주는 일이기도 합니다. 이러한 경험들이 모여 회사는 한 단계 더 성장하여 지속적으로 행동하고 나아가도록 방향을 제시해 주는 것이 아닐까요.

마무리하며

4차 산업혁명이라는 변화가 앙트레프레너마인드의 중요성을 견인하고 있는 것은 사실이다. 그러나 시대 흐름이나 산업의 변화와는 무관하게 인간은 태어날 때부터 앙트레프레너였다. 하나님이 최초의 인간인 아담에게 만물의 이름을 짓고 다스리도록 하셨다. 만물의 이름을 짓는다는 것은 본질 정의를 내리고 브랜드 정체성을 정립시키는 것이며 다스리는 것은 그것을 경영하는 것을 의미한다. 모두의 영혼에는 앙트레프레너의 형체가 깃들여 있다. 이 사실을 왜곡하지 않고 받아들이는가의 여부가 성공적 앙트레프레너가 될 수 있는가를 결정할 것이다. 자신 자각이라는 것은 나에 대한 존중 없이는 쉽지 않기 때문이다. 7가지 앙트레프레너 마인드의 시작점이 자신 자각인 이유도 이와 같다.

앙트레프레너의 반대말을 노동자나 피고용인으로 이해하는 독자가 있을지 모르겠지만 생각을 달리하기 바란다. 앙트레프레너의 반대말은 '자유하지 못한 자아' 정도가 될 것이다. 자유하지 못한 자아는 다른 사람들의 시선과 평가에 기대고 누군가가 행복과 성공이라고 정해 놓은 기준에 맞추어 타인의 삶을 살아가는 노예와 같다. 핵심은 어떤 일을 하고, 어느 곳에 소속되어 있는지, 무슨 사업을 하는지가 아니라 한 번밖에 없는 스스로의 고유한 삶을 기업 삼아 보람있고 행복하게 영위해 나아가는 데에 있다. 이러한 마인드는 높은 성과로 이어진다. 실제로 뱁슨 칼리지는 창업의 방법으로서 앙트레프레너십을 교육하지만 창업이 아닌 취업을 선택한 졸업생의 경우 2016년 미국 대학 졸업생 연봉 순위에서 MIT와 스탠퍼드 대학보다 높은 상위 7위를 차지하며 성공적 피고용인으로 사회에 자리매김하고 있다.

새롭게 강조되고 있는 성공적인 앙트레프레너의 7가지 마인드를 갖추는 데는 다른 방법론들이 분명 있을 것이다. 이 책은 그것이 디자이너가 가진 디자인 마인드와 일치한다는 점을 밝히고 디자이너의 마인드가 반영되어 방법론으로서 정리된 디자인 씽킹을 하나의 방법론으로써 소개한 것이다. 제시된 예시는 몇 개월간의 시간을 들여 조직적으로 진행했던 것들로서 주어진 탬플릿과 가이드를 활용하여 지속적으로 반복하여 진행해 보면 방법론이 아닌 관점과 태도로서 자연스럽게 내재화될 것이다. 시중에 디자인 씽킹에 관한 좋은 서적들이 많이 출간되어 있다. 잊지 말아야 할 것은 디자인 씽킹이라는 방법론을 따라하기 이전에 디자인 마인드가 가진 의미와 작동 원리를 이해하는 것이 선행되어야 한다는 사실이다. 사유한다는 마인드가 존재한다는 물질보다 선행하기 때문이고, 성공은 마인드로부터 시작되기 때문이다.

이 책은 박사과정에서 진행했던 '디자인씽킹 관점에서의 기업가적 마인드셋 프레임 개발에 관한 연구'에서 시작되었다. 연구의 방향을 잡아 주시고 디자인의 본질에 대한 깊은 고찰을 할 수 있도록 지도해 주신 홍익대학교 국제디자인전문대학원 나건 교수님께 존경과 감사를 드린다. 디자이너이자 앙트레프레너이며 교육자로서의 성공적 롤모델이 되어주시는 홍익대학교 국제디자인전문대학원 이캐시연주 교수님께 감사를 드린다.

특별히 산업통상자원부와 한국디자인진흥원의 디자인 주도 다학제 교육과정 지원사업의 지원을 받아 진행한 교육과정의 내용을 담았다. 대한민국의 디자인 교육 발전을 위해 선도적인 사업을 추진해 주신 한국디자인진흥원 관계자분들께 감사를 드린다. 또한 디자인 주도의 혁신적 다학제 교육 사업에 선정되도록 기획에 힘써 주시고, 3년간 성공적으로 운영할 수 있도록 학교 차원에서 지원해 주신 순천향대학교 김승우 총장님 및 선배, 동료 교수님들께 감사의 말씀을 드린다.

또한 디자인 앙트레프레너의 새로운 정의를 창조하고 있는 자랑스러운 동료 디자인방위대의 신동건 대표, 김윤지 대표와 바쁘신 와중에 기꺼이 인터뷰에 협조해 주신 구석모 대표, 감영한 대표, 김현주 대표, 박중열 대표, 김지연 대표, 이승은 대표께 감사의 말씀을 전한다. 무엇보다 이 책이 출간됨에 있어서 다년간 함께 호흡하며 도움 주신 유엑스리뷰 현호영 대표와 현다연 편집자, 감수를 맡아 준 든든한 벗인 SK실트론 ESG추진실 박지연 프로와 교정 등 마무리 작업을 도와준 제자 심명훈 연구원, 최지인 연구원, 학과 대표 정원준 학생의 노고에 감사의 마음을 전한다.

끝으로 학자로서의 사회적 역할과 책임이 무엇인지 평생에 걸쳐 몸소 보여 주신 아버지와 커서 글을 쓰는 사람이 되라는 마음의 씨앗을 심어 주신 어머니, 가족들의 응원과 격려에 지면을 빌려 깊은 사랑과 감사를 드린다.

참고자료

나건·고은희, A study on the ethnographic research as design methodologies, 홍익대학교국제디자인전문대학원, 2010

나건·고은희, 기업가정신교육에서의 Design Thinking 효과성 분석을 위한 구성요인에 관한 연구, 한국디자인리서치, 12호, 한국디자인리서치학회, 2019

나건·고은희, 기업가정신교육에 있어서 디자인씽킹의 효과성 검증: 인문학계열 대학생을 중심으로, 한국디자인포럼, 제 24권 3호, 한국디자인트렌드학회, 2019

나건·이캐시연주, 트렌드 발전소, 컬쳐코드(비주얼스토리공장출판부), 2010

나건, 리서치발전소: 디자인 다지기, 컬쳐코드(비주얼스토리공장출판부), 2012

노아 세인트 존, 어포메이션, 이책, 2014

데이비드 켈리, 톰 켈리, 아이디오는 어떻게 디자인하는가: 스탠퍼드 디스쿨 창조성 수업, 2021

로저 마틴, 디자인 씽킹 바이블, 유엑스리뷰, 2021

로버트 루드번스타인·미셸 루드번스타인, 생각의 탄생, 에코의서재, 2021

비카스 샤, 생각을 바꾸는 생각들, 인플루엔셜, 2021

앨런 피즈·바바라 피즈, 결국 해내는 사람들의 원칙, 반니, 2020

야마구치 슈, 철학은 어떻게 삶의 무기가 되는가, 다산초당, 2019

에릭 갈랜드, 미래를 읽는 기술, 한국경제신문사, 2008

이지성, 에이트 씽크, 차이정원, 2020

이지성, 미래의 부, 차이정원, 2021

존 카우치·제이슨 타운, 교실이 없는 시대가 온다, 어크로스, 2020

한국청년기업가정신재단, 글로벌 기업가정신지수 개발, 2014

한국청년기업가정신재단, 기업가정신 실태조사(기업편), 2016

Bernard Roth, The Achievement Habit, Harper Business, 2015

John Napsbitt, Mind Set!, HarperAudio, 2006

Heidi M. Neck, Patricia G. Greene & Candida G. Brush, Teaching Entrepreneurship:
A Practice-based Approach, Edward Elgar, 2014

Joseph Murphy, The Power of Your Subconscious Mind, Prentice Hall Press, 2011

Lumpkin, G. T. and G.G. Dess, Clarifying the Entrepreneurial orientation Construct
and Linking It to Performance, The Academy of Management Review, Vol. 21,
No. 1, Academy of Management, 1996

Malcolm Gladwell, The Tipping Point: How Little Things Can Make a Big
Difference, Little Brown,2006

Napoleon Hill, The Law of Success: The Master Wealth-Builder's Complete and
Original Lesson Plan for Achieving Your Dreams, Hay House Publishing, 2008

Noah St John , The Book of Affirmation, Hay House Publishing, 2014

Tim Brown , Change by Design, HarperBusiness, 2009

https//thedesignsquiggle.com

https//dschool.stanford.edu

http://web.mit.edu

http://www.babson.edu

http://www.harvard.edu

https://designthinking.ideo.com

https://www.gentlemonster.com

https://www.muji.com

스타트업 디자인 씽킹

성공한 창업가의 7가지 디자인 마인드

초판 발행 2023년 1월 20일

펴낸곳 유엑스리뷰
발행인 현호영
지은이 고은희
편 집 현다연
디자인 임림
팩 스 070.8224.4322
전 화 02.337.7932
이메일 uxreviewkorea@gmail.com
주 소 서울특별시 마포구 백범로 35 서강대학교 곤자가홀 1층

ISBN 979-11-92143-79-8

좋은 아이디어와 제안이 있으시면 출판을 통해 더 많은 사람과 공유하고,
세상에 영향을 미치시길 바랍니다.
uxreviewkorea@gmail.com

유엑스리뷰는 대한민국 최고의 디자인 및 경영 분야 전문 출판사입니다.
가볍게 팔리는 책보다 묵직한 울림을 주는 책을 만듭니다.